CONTENTS

C000191207

Introduction

1: I say! Greetings; social niceties; writing postcards. 5

2: Indescribable. The countryside; describing locations; prepositions; adjectives. 9

3: Bon appétit! French cuisine; ordering food and wine; the immediate future. 13

4: Out and about. Outdoor sports and leisure activities; relating what happened. 17

5: On the line. Telephone expressions; negative; numbers. 21

6: In sickness and in health. Health and medical matters; direct and indirect speech. 25

7: Talking shop. Stores and shopping; clothing; comparatives. 29

8: Feelings. Opinions, feelings, and emotions; exclamations; relative pronouns. 33

9: Home sweet home. Houses and accommodations; possessive adjectives and pronouns. 37

10: Stage and screen. Theater and the movies; conditional tense. 41

11: Money, money, money. Finances and currency; describing people; *y* and *en*. 45

12: Review 49

13: On the road. Road travel and signs; directions; past perfect tense. 51

14: Tourist trail. Tourism in France; perfect tense with *il y a* and *depuis*. 55

15: Going green. The environment; weather; imperfect tense. 59

16: Press gang. Magazines and newspapers; horoscopes; immediate and simple future tense. 63

17: Festivities. Public holidays and the calendar; demonstrative adjectives and pronouns. 67

18: A busy morning. Daily routine; stores and services; different ways of asking questions. 71

19: Wine trail. French wine and vineyards; the passive voice. 75

20: Bon voyage. Travel; using public transportation; prepositions. 79

21: Have a great vacation! Vacations; accommodations and leisure facilities; conjunction + subjunctives. 83

22: The world of work. Professions and conditions of work; future and future perfect tenses. 87

23: Back to work. Business and technology; résumés; more on relative pronouns. 91

24: Review 95

Answer Key 97

Grammar 107

Glossary 115

Introduction:

For over a century, Berlitz has helped people learn foreign languages for business, for pleasure, and for travel – concentrating on the application of modern, idiomatic language in practical communication.

This *Berlitz Intermediate French Workbook* is designed for students who have achieved intermediate proficiency in French. You can communicate confidently in French in a variety of situations, but want to brush up your knowledge of grammar and usage and expand your vocabulary.

Maybe you are taking an evening class or following a self-study course and want some extra practice – or perhaps you learned French some time ago and need to refresh your language skills. Either way, you'll find the *Berlitz Intermediate French Workbook* an enjoyable and painless way to improve your French.

How to Use the Workbook

We recommend that you set a consistent weekly, or, if possible, daily study goal – one that you can achieve. The units gradually increase in difficulty and have a continuous storyline, so you'll probably want to start at Unit 1.

Each unit focuses on a specific topic or situation. Within the unit you'll find exercises, reading passages, and word puzzles designed to build your vocabulary, grammar, and communication skills. The exercises vary, but each unit follows the same basic sequence:

Match Game	relatively easy matching exercises that introduce each topic
Talking Point	a variety of exercises based on lively, idiomatic dialogues. Read these dialogues thoroughly, as they introduce the language you will use in the subsequent exercises
Word Power	imaginative vocabulary-building activities and games
Language Focus	specific practice in problem areas of grammar
Reading Corner	challenging comprehension questions based on a short text
Write Here	short writing tasks that give you the opportunity to use creatively the language you've practiced in the previous exercises

If you used the *Berlitz Basic French Workbook*, you'll be familiar with the format, but there are some added extras:

- language to equip you to talk about serious issues such as the environment, health, or the economy, as well as lighter subjects relating to everyday life

- additional support and error diagnosis in the **Answer Key**, as well as correct answers to all the exercises – or model answers when there is no single correct choice

- more extensive and more demanding **Reading Corner** exercises to build your knowledge of vocabulary and grammar

- greater opportunities for creative writing in the **Write Here** tasks

We hope that you'll find the *Berlitz Intermediate French Workbook* an enjoyable and useful study aid, and wish you every success with your French learning.

4

Unit 1:

I say!

This unit is about greetings and social niceties. You'll practice introductions and meeting people socially, as well as general everyday conversation and written messages.

Match Game

1. Greetings

Match the greetings on the left with the appropriate phrases on the right.

1. Bonjour.
2. Salut.
3. Allô.
4. Bonsoir.
5. Messieurs Dames.
6. Comment allez-vous?

( ) a. Je voudrais parler à M. Dupont s'il vous plaît.
( ) b. Vous voulez dîner tout de suite?
( ) c. Je porte un toast à Michel et Françoise.
( ) d. Beaucoup mieux merci.
( ) e. Enchanté de faire votre connaissance.
( ) f. Tu vas chez Sylvie ce soir?

Talking Point

2. Pleased to meet you!

Georges and Isabelle have just arrived at their vacation destination, a *gîte rural* (country cottage), in the Loire Valley. As they're unloading the car, they meet Didier and Sylvie, who have the *gîte* next door. Read their conversation and fill the blanks with words from the box. You will notice that there is one word too many!

eux	leur	lui	m'	ma	me	moi	notre	nos	nous	on	votre	vous

Georges: Permettez- _ _ _ _ _ _ _ _ _ _ de _ _ _ _ _ _ _ _ _ _ présenter. Je _ _ _ _ _ _ _ _ _ appelle Georges Dumas. _ _ _ _ _ _ _ _ _ _ vient d'arriver. _ _ _ _ _ _ _ _ _ _ avons à peine fini de sortir _ _ _ _ _ _ _ _ _ bagages de la voiture.

Didier: Enchanté de faire _ _ _ _ _ _ _ _ _ _ connaissance. Didier Mauroy. Ma femme, Sylvie.

Georges: Je _ _ _ _ _ _ _ _ _ présente ma femme Isabelle.

Didier: Enchanté.

Isabelle: Enchantée.

Sylvie: Vous connaissez déjà la Touraine?

Isabelle: Mais non, c'est _ _ _ _ _ _ _ _ _ première visite. _ _ _ _ _ _ _ _ _ _ mère connaît bien la région. Ça _ _ _ _ _ _ _ _ _ plaît beaucoup. Elle a des amis à Chinon et elle va souvent chez _ _ _ _ _ _ _ _ _ _.

Word Power ₩

3. Search me!

Find the French equivalents in the letter square for the expressions in the box. They are always in straight lines and can go in any direction. You may use letters more than once but you don't have to use them all. Note that no accents, cedillas, or apostrophes are shown.

Be my guest   Indeed
Sir   Cheers   Never
So what
Congratulations
Not at all   Ssh
Fancy that
Of course
Thanks   Hi
Please do
That's OK   I say
Really   Ugh

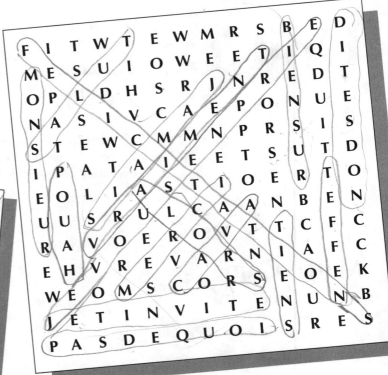

Language Focus ⊕

4. In what way?

Read what these people are saying in their speech balloons, and match the appropriate adjective from the box with the person. Then report what they're saying and how they're saying it.

doux   furieux   gentil
passionné   triste

1. Silence!
2. J'adore la France
3. J'espère que vous irez bientôt mieux
4. Je suis vraiment désolée
5. Je ne sais que faire.

Example: Je ne connais personne ici (timide). *Je ne connais personne ici, dit-elle timidement.*

1. *Silence! dit-il, furieusement.*
2. *J'adore la France, dit-elle passionémant*
3. *J'espère que vous irez bientôt mieux, dit-elle goutiment.*
4. *Je suis vraiment désolée, dit-elle gentiment*
5. *Je ne sais que faire dit-il tristement*

Reading Corner 📖

5. Holiday postcard

Isabelle's mother, Thérèse, received this postcard from her daughter.

Thérèse immediately called Georges' mother Marie-Claire to compare notes, but her version of events is different. Can you fill in the gaps in their conversation? The first one has been done for you.

Chère maman,

Nous sommes arrivés sains et saufs cet après-midi. Le gîte est bien meublé et très confortable. M. Lemière, le propriétaire, a été très accueillant. Nous avons un petit jardin avec des meubles de jardin et un barbecue. Georges est en train de prendre une douche, puis on va dîner en ville. Demain on va explorer la région à bicyclette.

Grosses bises.

Isabelle

Mme.
Thérèse Dupont
9 Place de la Nation
75011 Paris

Thérèse:	Allô, Marie-Claire, c'est Thérèse à l'appareil.
Marie-Claire:	Allô, Thérèse, ça va?
Thérèse:	Oui, ça va bien.
Marie-Claire:	Ils sont arrivés hier matin n'est-ce pas?
Thérèse:	_Non, ils sont arrivés l'après-midi._
Marie-Claire:	Le camping est bien, oui?
Thérèse:	Non, _ils sont dans un gîte_
Marie-Claire:	Personne ne les a accueillis. Quelle honte!
Thérèse:	Si, _le propriétaire les a accueillis_
Marie-Claire:	Il n'y a qu'un four micro-ondes pour faire la cuisine.
Thérèse:	Je ne crois pas _il y a aussi un barbecue_
Marie-Claire:	Ils ont préparé quelque chose à manger dès leur arrivée.
Thérèse:	Mais non, _ils sont sortis dîner en ville_
Marie-Claire:	Et demain, ils vont faire une petite promenade en voiture.
Thérèse:	Je ne pense pas. _Ils explorent à bicyclette_
Marie-Claire:	C'est bien ce que je pensais. A bientôt, Thérèse.
Thérèse:	Au revoir, Marie-Claire.

Write Here ✏️

6. Your turn

Here is the guide book description and illustration for a *gîte rural*. Write a postcard home describing its facilities and those in the surrounding area. You'll find some useful expressions in the box.

il se trouve

se situer

faire le tour

monter à cheval

Gîte: Chèvrefeuille
En bordure de mer.
2 chambres.
Cuisine. Salle de bains (baignoire et douche). Epicerie à proximité. Natation. Planche à voile.

Gîte: Les prés
Terrasse couverte.
Chambre/studio.
Salle de bains.
Centre-ville à 1 km. Tous commerces. Pêche. Equitation.
Location de vélos

Gîte: Les pinsons
En bordure de mer.
Chambre/studio.
Salle de bains.
Centre-ville à 3 km.
Natation. Pêche.

63

Unit 2:

Indescribable

This unit is about places and the countryside. You'll practice describing locations and situations.

Match Game

1. Description

Match the pictures with the correct phrases. There are more descriptions than there are pictures.

a. Nous roulions dans cette rue quand un gros camion nous a doublés.

b. On a fait un petit tour en vélo et on s'est arrêté en haut de la colline.

c. Elle s'est levée quand le car est arrivé.

d. Allez tout droit jusqu'au carrefour, puis tournez à droite au deuxième feu.

e. Il a fait demi-tour en voyant la camionnette.

f. Il fait du stop au rond-point.

g. Elle s'est levée lorsqu'elle a vu l'auto qui arrivait.

h. Il s'est arrêté au rond-point avant de continuer vers les feux.

1.

2.

4.

3.

5.

Talking Point

2. What a view!

Georges and Isabelle explore the area where they're spending their vacation. Choose the correct expression to describe their day's activities, remembering that the adjectives in the phrases change meaning depending on whether they come before or after the noun.

Georges: Voilà un beau château, là-bas, parmi les arbres. Il doit être du dix-septième siècle au moins, n'est-ce pas?

Isabelle: Sûrement. La pierre est si blanche, si dure. Peut-être y a-t-il des oubliettes. Les oubliettes sont toujours pleines de poussière et d'araignées, je n'aime pas ça. Ça côute cher de le visiter, tu crois?

Georges: Je pense que oui. Il y a un vignoble à côté. Leurs vins sont très célèbres, vins blancs, mousseux…

Isabelle: Ah, le champagne, j'adore le champagne.

9

Georges: Non, non ce n'est pas pareil.

Isabelle: Oh, ce n'est pas grave; je ne suis pas trop déçue. On va le visiter?

Georges: Un autre jour, peut-être. Il y a tant d'autres choses à voir et c'est notre première journée de vacances.

Isabelle: Tu as raison. Nous avons presque deux semaines de vacances devant nous.

1. a. C'est un ancien château.

    b. C'est un château ancien.

2. a. La pauvre femme, elle aurait aimé goûter le champagne.

    b. La femme pauvre ne pouvait pas goûter le champagne.

3. a. Ce n'est pas la dernière semaine de vacances.

    b. Ils étaient en vacances la semaine dernière.

4. a. Le château possède son propre vignoble.

    b. C'est un vignoble propre.

5. a. Isabelle voudrait commander son cher champagne.

    b. C'est un champagne cher.

Word Power W

3. Refit

Find the French equivalent for these adjectives, then fit them back into the grid. You are given a one-word start, the word length, and the gender of the adjective. There's only one possible solution.

3 letters

Cheerful (m) _ _ _ _ _ _ _ _ _

Weary (m) _ _ _ _ _ _ _ _ _

4 letters

Sharp (m) _ _ _ _ _ _ _ _ _

Extra dry (m) _ _ _ _ _ _ _ _ _

Greasy (m) _ _ _ _ _ _ _ _ _

Handsome (m) _ _ _ _ _ _ _ _ _

Healthy (m) _ _ _ _ _ _ _ _ _

Raw (f) _ _ _ _ _ _ _ _ _

5 letters

Old (m) _ _ _ _ _ _ _ _ _

Perfect (m) _ _ _ _ _ _ _ _

Solitary (f) _ _ _ _ _ _ _ _ _

Worn (m) _ _ _ _ _ _ _ _ _

6 letters

High (f) _ _ _ _ _ _ _ _ _

Pressing (m) _ _ _ _ _ _ _ _ _

7 letters

Angry (m) _ _ _ _ _ _ _ _ _

Injured (f) _ _ _ _ _ _ _ _ _

New (m) _ _ _ _ _ _ _ _ _

Open (f) _ _ _ _ _ _ _ _ _

8 letters

Anxious (f) _ _ _ _ _ _ _ _ _

Bad (f) _ _ _ _ _ _ _ _ _

Bilingual (m/f) _ _ _ _ _ _ _ _ _

Sensitive (m/f) _ _ _ _ _ _ _ _ _

Language Focus ⊕

4. Opposites attract!

Find the opposites of the words below in the box. Note number and gender as well as meaning.

1. amer _ _ _ _ _ _ _ _ _
2. bruyant _ _ _ _ _ _ _ _ _
3. épais _ _ _ _ _ _ _ _ _
4. folle _ _ _ _ _ _ _ _ _
5. libres _ _ _ _ _ _ _ _ _

6. formidable _ _ _ _ _ _ _ _
7. moisie _ _ _ _ _ _ _ _
8. muet _ _ _ _ _ _ _ _
9. ravis _ _ _ _ _ _ _ _
10. vif _ _ _ _ _ _ _ _

a. bavard
b. mou
c. déçus
e. doux
f. effroyable
g. fraîche
h. indisponibles
i. mince
j. sensée
k. tranquille

Reading Corner ▭

5. Isabelle's diary

Isabelle wrote in her diary about the first day of her vacation. Replace the underlined adjectives with words or phrases with the same or very similar meaning.

_ _ _ _ _ _ _ _ _ _ _ _ _ _ _
_ _ _ _ _ _ _ _ _ _ _ _ _ _ _
_ _ _ _ _ _ _ _ _ _ _ _ _ _ _
_ _ _ _ _ _ _ _ _ _ _ _ _ _ _
_ _ _ _ _ _ _ _ _ _ _ _ _ _ _
_ _ _ _ _ _ _ _ _ _ _ _ _ _ _
_ _ _ _ _ _ _ _ _ _ _ _ _ _ _
_ _ _ _ _ _ _ _ _ _ _ _ _ _ _
_ _ _ _ _ _ _ _ _ _ _ _ _ _ _

12 DIMANCHE

La région de la Loire est passionnante par son histoire, ses beaux fleuves et ses paysages pittoresques. Aujourd'hui nous sommes partis vers huit heures du matin pour faire un petit tour à bicyclette. Que visiter d'abord? Les châteaux majestueux, les vignobles, les bords de rivières?

C'est aussi une région boisée et on a pris un itinéraire aménagé pour randonneurs. Le pays a beaucoup de charme et une immense variété de paysages: des forêts, des prés, des collines. Moi, je voulais pique-niquer au bord de la Loire à Saumur avant de visiter le château, un vrai château de conte de fées, (on y imagine facilement la Belle au bois dormant), mais Georges voulait déjeuner dans un restaurant assez célèbre où la spécialité du chef était les tripes, ce qui est son plat favori.

Write Here ✏️

6. Your turn

You have spent a day in the country with a friend who has drawn the scene below of one of the views you admired. Write your own diary entry, using the expressions from the box and the illustration to help you.

le paysage   la colline   le sommet   les routes   sinueux,euses
le château   les terres cultivées   le ruisseau   la vallée
les champs   les vignobles   un avion   la rivière   un canot
faire le canotage

3 DIMANCHE

Example: J'ai trouvé le paysage bien tranquille.

Unit 3:

Bon appétit!

This unit is about food and drink. You'll practice ordering food and wine in a restaurant, and express what you're going to do in the immediate future.

Match Game

1. Putting food on the map

Match the culinary specialities to the areas on the map.
The main ingredients are listed with each dish below, and the main features of each area are described in the map key.

1. Bouillabaisse – soupe de poissons – ail – tomates – huile d'olive

2. Escalope de veau aux champignons – cidre – crème – lait – calvados – persil

3. Galettes aux fruits de mer – moules – huîtres – homard

4. Boeuf en daube – vin rouge – viande – ail – herbes

5. Choucroute – saucisses – saucisson – porc – chou – oignons

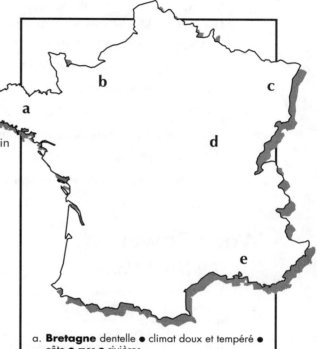

a. **Bretagne** dentelle ● climat doux et tempéré ● côte ● mer ● rivières

b. **Normandie** champs verts ● chaumières ● pommiers ● vaches

c. **Alsace** montagnes ● frontière allemande ● forêts giboyeuses

d. **Bourgogne** vignobles ● bovins ● Dijon ● prés riches

e. **Provence** Méditerranée ● chaleur ● vignes ● oliviers

Talking Point

2. A matter of taste

Georges and Isabelle are out for dinner with their neighbors Sylvie and Didier. Read their conversation, then decide if the statements which follow are true or false.

Le garçon: Messieurs Dames… qu'est-ce que vous allez prendre?

Georges: Je ne sais pas encore. Isabelle, Sylvie…

Isabelle: Vous pouvez sans doute nous recommander une spécialité de la région?

Le garçon: Eh bien, pour commencer il y a des rillettes de porc, bien sûr, ou peut-être préférez-vous les fruits de mer?…

Isabelle:	Non, non, moi je vais prendre les rillettes. Toi aussi, Sylvie?
Sylvie:	Oui, et tu vas en prendre aussi, chéri?
Didier:	Oui, je veux bien. Georges?
Georges:	Les rillettes sont un peu grasses pour moi. Je vais commencer par une salade de tomates, s'il vous plaît.
Le garçon:	Et comme plat principal?
Isabelle:	Je vais prendre la morue.
Didier:	Le calmar pour nous, s'il vous plaît.
Georges:	Une omelette pour moi.
Didier:	Une bouteille de Muscadet et une bouteille de vin rouge du patron.
Georges:	Moi, je vais boire de l'eau minérale.
Le garçon:	Merci, Messieurs Dames.

1. Georges commande tout de suite.   *True/False*

2. Didier commande avant Isabelle.   *True/False*

3. Sylvie va prendre les mêmes plats que son mari.   *True/False*

4. Isabelle va manger de la viande après son hors-d'œuvre.   *True/False*

5. Georges va manger des plats végétariens.   *True/False*

6. Sylvie va boire une boisson non alcoolisée.   *True/False*

Word Power W

3. Mixed Menu

The letters in the names of these fruits and vegetables are scrambled and put in alphabetical order. Rearrange them correctly and place them where they belong in the grid. When this is complete, the column reading down will spell out the name of a delicious dessert.

1. ecgoru
2. aims
3. eegillors
4. ceeilr
5. efgiu
6. aachirttu
7. eillmrty
8. cenorss
9. adeinprs
10. amnorr
11. ceiillortu
12. aentv
13. emru
14. ginnoo
15. inooprv
16. aeelmmoppssu
17. aainps
18. adeegnr
19. aenpruu

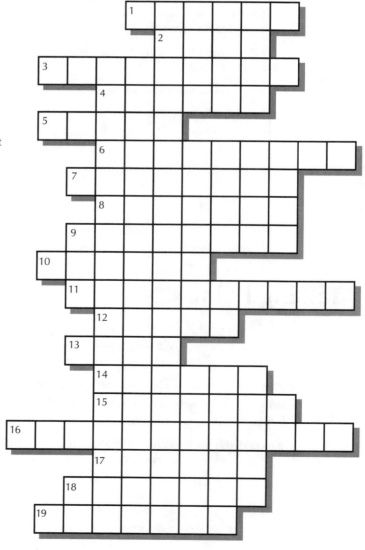

14

Language Focus ⊕

4. Future developments.

The sentences below are written in the future tense. Rewrite them in the immediate future, using *aller* and the infinitive.

Example: Je lui parlerai après le dîner. *Je vais lui parler après le dîner.*

1. Elle l'accueillera chez elle.

2. Il mourra s'il n'arrête pas de fumer.

3. Ils entretiendront bien la propriété.

4. Cela te fera du bien.

5. Nous nous assiérons par terre.

6. Vous saurez bientôt les résultats?

7. Il aura sa nouvelle voiture.

8. Je verrai mes parents la semaine prochaine.

9. Cette année, ils visiteront l'Italie.

10. On devra partir à minuit au plus tard.

Reading Corner 📖

5. Menu choice

Read through the following menu and choose the appropriate dishes to suit the various diners' requirements.

1. Which soup would you recommend for someone who could not eat dairy products?

2. Which dish would you advise someone not to have if they were allergic to seafood?

3. Which fish dish would you recommend to someone who liked their food cooked very simply?

4. Which main course would you not choose for someone on a lowfat diet?

5. Which main course would you recommend for a vegetarian?

6. Which dishes could be cooked on a barbecue?

7. Which dish would be most unsuitable for someone who didn't like garlic?

8. Which dessert would suit a chocolate lover?

9. Is there a cheese starter?

10. Which ice cream would be suitable for someone who disliked fruit flavors?

AUBERGE DU SOUS-BOIS
Menu à 150 francs

Soupes et Hors-d'œuvre
Velouté de tomates
Julienne de légumes
Fromage de tête
Piperade

Poissons
Assiette de fruits de mer
Thon grillé
Sole à la normande
Raie au beurre noir

Entrées
Cassoulet
Brochettes d'agneau
Omelette aux fines herbes
Pot au feu
Poulet rôti à l'ail

Desserts
Poire Belle-Hélène
Sorbet au citron
Glaces – vanille, pistache, framboise, cassis

Write Here

6. Your turn

Using this menu to help you, complete the
conversation below.

AUBERGE DU CHATEAU
Menu à 200 francs

Soupes et Hors-d'œuvre
Salade de tomates
Charcuterie de Pays
Soupe à l'oignon
Pâté de campagne

Poissons
Truite de rivière
Sole meunière
Moules marinières

Entrées
Rognons de veau à la Provençale
Steak-frites
Escalope de porc, sauce normande
Coq au vin

Desserts
Fruits
Glaces – vanille, fraise, chocolat, café
Flan

Fromages
Plat de fromages

Le serveur: Vous voulez passer votre commande, Monsieur?
Vous: _____

_____

Le serveur: Le chef est originaire de Rouen. Vous voulez goûter des spécialités de la région?
Vous: _____

_____

Le serveur: Vous prendrez du vin? Un dessert?
Vous: _____

_____

Un peu plus tard…
Le serveur: Vous avez bien mangé? Vous voulez l'addition maintenant?
Vous: _____

_____

Unit 4:

Out and about

This unit is about outdoor sports and leisure activites. You'll practice relating what has happened in given situations.

Match Game ⚙

1. Game, set, or match?

Match the sports equipment with the relevant sporting activity.

1. Jeudi, j'ai fait de l'aérobic

2. La semaine dernière il a fait de la musculation

3. Il fait de la plongée sous-marine depuis quelques années déjà.

4. Nous avons passé nos vacances d'été à faire de la randonnée en France.

5. J'étais passionné d'équitation, mais maintenant je suis mollasson.

( ) a. Il y a un rameur et un vélo de santé au gymnase.

( ) b. Il vient d'acheter une nouvelle combinaison de plongée.

( ) c. Maintenant mon casque fait de la musique.

( ) d. J'ai apporté mon collant.

( ) e. Il nous a fallu des vestes imperméables et de bonnes chaussures de marche.

Talking Point 👄

2. Day trippers

Georges and Isabelle are discussing their day out with Sylvie and Didier. Read their conversation, choosing the correct alternative in parentheses.

Sylvie: Si on louait des vélos pour découvrir un peu la région?

Georges: Mais Isabelle et moi (sommes/avons) fait cela hier.

Isabelle: Mais on n' (a/est) pas tout vu.

Georges: J'(ai/as) quand même envie de faire autre chose aujourd'hui.

Isabelle: J'ai toujours (eu/été) envie de faire des sports nautiques.

Georges: J'ai (essayé/essuyé) la planche à voile une fois, mais je n'ai pas (trouvé/trouvée) ça très intéressant.

Didier: Vous avez (fait/faits) de l'équitation? La randonnée équestre est très populaire, mais moi (je n'ai/je ne suis) jamais fait de cheval.

Sylvie: Je suis (monté/montée) plusieurs fois à cheval. Et toi, Georges?

Georges: (J'ai/Je suis) monté à cheval une fois, et (j'ai/je suis) tombé.

Isabelle: Il nous reste la pêche, alors. On peut louer des cannes à pêche au Café de la Pêche, au bord de la rivière. Ce n'est pas trop fatigant pour toi, chéri?

Word Power

3. Clued up

Test your knowledge of this unit's main points – sports, leisure, and the past participles – and find the French equivalent of the following clues.

Across

2. Alerted (fpl)
6. Sport
7. Painted (m)
8. Team
9. Goalie
11. Fencing sword
12. Basketball
14. Skate
15. Moved (fpl)
16. Relegated (f)

Down

1. Hobby or pastime
3. Continent
4. Typed (m)
5. Athletics
10. Boat
13. United (f)

Language Focus

4. Past perfect

Complete the sentences below by filling in the auxiliary verb and past participle . Some verbs take *avoir*, some *être*. Some participles in both categories will require agreement.

Isabelle et Sylvie **sont parties** louer des vélos. (partir)

1. Voilà les lunettes de soleil que j' _____ dimanche dernier. (perdre)
2. J'ai perdu mon portefeuille. Tu l' _____ ? (voir)
3. Marc et moi _____ à la maison à dix heures. (arriver)
4. Ils _____ la boîte que j' _____ sur la table. (ouvrir/mettre)
5. Les enfants aimaient beaucoup les cadeaux qu'ils _____ . (recevoir)
6. Nous _____ Paris la semaine dernière. (visiter)
7. J' _____ à toute vitesse après le voleur, mais je ne l' _____ pas _____ . (courir/rattraper)
8. Ils _____ les enfants qui étaient perdus. Tu ne sais pas où on les _____ ? (retrouver/découvrir)
9. Ma mère? Je lui _____ au téléphone mais je ne l' _____ pas _____ . (parler/voir)
10. Nous _____ les documents mais nous ne les _____ pas _____ . (lire/comprendre)

18

Reading Corner

5. Êtes-vous sportif?

Read the following article entitled "Nos lecteurs disent…" where readers have written their responses to an article about financial cuts at the local gym and the changes to its timetable. We have given you the old timetable; write out what the new timetable will be, using the information given in the article.

NOTRE VIE

Nos lecteurs disent

Depuis notre article, le bureau de NOTRE VIE a reçu des centaines de lettres, de télécopies, de coups de téléphone au sujet du crise à la salle de gym dans notre ville. Notre reporter Yves Bertrand est allé à la salle de gym pour poser des questions à ceux qui prennent part à plusieurs sports. Pourront-ils y participer à l'avenir? Les réductions financières auront quelles conséquences?

Simon a dit qu'il ne pourra plus faire l'haltérophile le dimanche, seulement le samedi. Comme la salle de gym sera fermée le lundi et le mardi matin Sylvie a dit qu'elle ne pourra plus nager ici. "Lundi, c'est la seule journee que je suis libre," a-t-elle ajouté. Annette a dit: "J'aime faire l'aérobic et je nageais le vendredi soir aussi, mais maintenant il faut choisir, car tous les deux se passent la même soirée, le vendredi. Je ne suis pas libre le dimanche pour nager. Christophe a dit qu'il jouait au tennis le dimanche matin, mais maintenant le tennis a lieu les mercredi et jeudi soirs et comme il travaille à Paris pendant la semaine il devra aller jouer ailleurs.

lundi	mardi	mercredi	jeudi	vendredi	samedi	dimanche
natation	natation		aérobic	natation	haltérophilie, football	tennis, natation, haltérophilie

lundi	mardi	mercredi	jeudi	vendredi	samedi	dimanche

Write Here ✏️

6. Your turn

The manager of the gym has asked you to draft a press release,
justifying the changes to the sports timetable. In the box, you'll find some
useful phrases to help you.

à cause de
alors
c'est dommage
chauffage
il faut
ne peut plus
peu de gens
réductions financières
réduire les coûts

COMMUNIQUÉ DE PRESSE

Unit 5:

On the line

This unit is about telephoning and about numbers. You will practice telephone techniques and negative expressions.

Match Game 🧩

1. Wrong number

Match the phone numbers written as figures with those written as words. There are more numbers written as words than as figures.

1. 22.02.37.66.   (   )

2. 36.82.73.14.   (   )

3. 16.28.77.91.   (   )

4. 63.71.31.13.   (   )

5. 09.18.55.95.   (   )

a. seize/vingt-huit/soixante-dix-huit/quatre-vingt-onze

b. vingt-deux/zéro deux/trente-sept/soixante-six.

c. zéro neuf/dix-huit/cinquante-cinq/quatre-vingt-quinze

d. trente-six/quatre-vingt-deux/soixante-treize/quatorze.

e. soixante-trois/dix-huit/quarante-cinq/quatre-vingt-seize

f. seize/vingt-huit/soixante-dix-sept/quatre-vingt-onze

g. soixante-trois/soixante et onze/trente et un/treize

h. zéro neuf/dix-huit/cinquante-cinq/quatre-vingt-seize

i. trente-six/quatre-vingt-deux/soixante-treize/quinze.

j. vingt-deux/zéro deux/trente-sept/soixante-sept

Talking Point 👄

2. Crossed lines

Isabelle wants to call her mother. Choose the correct words from the box below to complete her conversation with Georges.

l'annuaire   l'appareil   appel   liste   numéro   rappelerai   téléphonique   trompée   un

Isabelle: Tu as de la monnaie pour le téléphone. Voici une cabine _ _ _ _ _ _ _ _ _ .

Georges: Non, je n'en ai pas. Il faut faire _ _ _ _ _ _ _ _ _ en P.C.V.

Isabelle: Ah voilà, j'ai de la monnaie. Où est son nouveau _ _ _ _ _ _ _ _ _ de téléphone? Je ne peux jamais men rappeler. It est ici, dans mon carnet. Bien sûr c'est le 69.92.85.71 à Perpignan. Ça sonne. Allô maman, c'est Isabelle à _ _ _ _ _ _ _ _ _ .

Où est son nouveau _ _ _ _ _ _ _ _ _ de téléphone? Je ne peux jamais m'en rappeler. Il est ici, dans mon carnet.

Le correspondant: Je ne connais personne qui s'appelle Isabelle madame. Vous vous êtes _____ de numéro.

Isabelle: Je suis désolée. Au revoir.

Georges: Tu devrais vérifier le numéro dans _____ .

Isabelle: Mais je ne peux pas. Maman est sur _____ rouge. Que je suis stupide! J'ai fait le 69.92.85.71 et c'est le 69.92.85.61. Je vais ré-essayer. Maintenant c'est occupé. Je _____ dans quelques minutes.

Word Power ⚑

3. Dot-to-dot

Using the order of numbers shown below, join the dots. What is it?

quarante-neuf; vingt-trois; un; trente-quatre; quarante-trois; vingt-huit; trente-neuf; deux; vingt-deux; trois; vingt-sept; quatre; quarante-sept; vingt et un; trente-huit; cinq; vingt-cinq; dix-sept; quarante-huit; six; trente-cinq; vingt-neuf; sept; quarante-six; trente; seize; quarante-deux; huit; trente-sept; neuf; vingt-quatre; quarante; quinze; quarante et un; dix; cinquante; trente-six; onze; quarante-cinq; treize; trente-deux; quatorze; quarante-quatre; vingt-six; dix-huit; trente et un; dix-neuf; vingt; trente-trois; douze

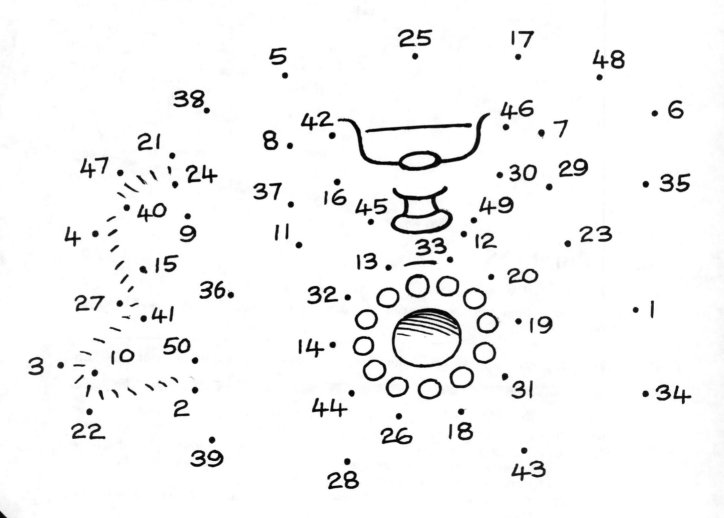

Language Focus ⊕

4. Negative equity

Fill in the blanks with negative expressions from the box.

1. Je _____ vais _____ à la salle de gym samedi car je travaille toujours tard ce soir-là.
2. Je _____ sais _____ où je vais aller en vacances cette année.
3. Je viens d'arriver dans cette ville, je _____ connais _____ .
4. Il a cherché partout mais il _____ l'a trouvé _____ .
5. Elle allait souvent à la piscine mais maintenant elle _____ y va _____ .
6. Ils _____ ont _____ amis _____ famille dans la région.
7. Il a cherché partout mais il _____ a _____ trouvé.
8. Je ne l'ai vu qu'une fois, je _____ le connais _____ .

ne … guère
ne … jamais
ne … pas
ne … personne
ne … plus
ne … rien
ne … nulle part
ne … ni … ni

Reading Corner 📖

5. Telephone tangle

Here's a phone conversation that really has its lines crossed. Rearrange the sentences so the conversation makes sense.

Oui, c'est ça. Qui est à l'appareil?

Je répète. Je voudrais parler à Madame Allard. Je crois que c'est le poste 32.31.

Au revoir, Monsieur.

Allô. C'est bien le 22.35.78.67?

Ne quittez pas, Monsieur. Je suis désolée, Monsieur. La ligne est occupée. Vous patientez?

Non, je ne pense pas. Je rappellerai plus tard. Au revoir.

Excusez-moi, la ligne est mauvaise.

Legrand. Jean-Yves Legrand. Je voudrais parler à Madame Allard, s'il vous plaît.

Write Here ✏

6. Your turn

Complete the following phone conversation, inserting what the switchboard operator (*la standardiste*) and then Marcel Gérard might say.

La standardiste: (Hello, yes?) _____

Yves: Je voudrais parler à Monsieur Gérard, s'il vous plaît.

La standardiste: (Who shall I say is calling?) _____

Yves: Yves Lemière.

La standardiste: (One moment please. I'll put you through.) _____
_____

Yves: Je vous remercie.

La standardiste: (M. Gérard's line is busy at the moment. Will you wait or would you like to call back later?) _____
_____

Yves: Je peux lui laisser un message?

La standardiste: (Yes… one moment. M. Gérard's extension is free now. I'll connect you.) _____
_____

Yves: Marcel? C'est Yves à l'appareil.

Marcel: (Yves, I'm so sorry. I have a meeting in two minutes. Can I call you back in, say, about an hour? 23.78.90.54. extension 65.31, is that right?) _____
_____

Yves: C'est bien ça. A tout à l'heure.

Marcel: (Talk to you later.) _____

Unit 6:

In sickness and in health

This unit is about medical matters. You'll practice asking for simple remedies at a drugstore, and briefly describe symptoms.

Match Game

1. The right treatment

Match the minor health problems with an appropriate treatment.

1. une coupure	( )	a. un comprimé de paracétamol
2. des pellicules	( )	b. un sirop
3. la toux	( )	c. un pansement
4. mal à la gorge	( )	d. un shampooing médical
5. une écorchure	( )	e. un sparadrap
6. une migraine	( )	f. une pastille
7. une crise de foie	( )	g. de l'eau de Seltz

Talking Point

2. Crise de foie

Georges tried some seafood last night and feels very sick. Read his conversation with Isabelle and choose the more appropriate of the two words in parentheses.

Isabelle: Ça (doit/va) mieux maintenant?

Georges: Non, j'ai toujours (mal/mauvais) chérie. Je ne me (sens/suis) pas bien du tout. Je n'aurais pas dû manger ces fruits de mer.

Isabelle: Qu'est-ce qui (ne va/n'a) pas?

Georges: J'ai la tête qui tourne quand je me (lève/lave). J'ai (vomi/vu) trois fois.

Isabelle: J'ai l'impression que ce n'est qu'une (digestion/indigestion).

Georges: Je ne (crois/cours) pas. Je crois que c'est plus grave que ça.

Isabelle: Tu veux (appeler/rappeler) le docteur?

Georges: C'est un bon (médecin/médecine) ?

Isabelle: Je ne sais pas. On verra.

Georges: Il me fera peut-être une (ordonnance/ordure). Il faudra lui dire que je ne supporte pas les (plâtres/piqûres) !

Word Power ☤

3. Hidden treatment

Some medical terms are hidden in the sentences below. Find them by joining words or parts of words together.

1. Je voudrais un nouveau vélo, Père Noël, s'il te plaît! _____

2. La ferme est vieille mais il y a une étable utile. _____

3. Est-ce que M. Pompidou leurs avait donné votre texte? _____

4. Les Anglais aiment bien leurs vacances d'été en France. _____

5. La cathédrale du Sacré-Cœur émerveille ceux qui la visitent. _____

Language Focus ⊕

4. He said… she said

Rewrite the following sentences using indirect instead of direct speech.

Example: J'aime beaucoup étudier le français (Il a dit…)
Il a dit qu'il aimait beaucoup étudier le français. _____

1. Je ne me sens pas bien.
   Elle a dit _____

2. Je vais me faire opérer.
   Il a dit _____

3. Je suis prise d'un vertige.
   Elle a murmuré _____

4. J'ai mal aux dents.
   Georges a dit _____

5. Je ne prendrai pas le comprimé.
   L'enfant a crié _____

6. Si je vois du sang je m'évanouis.
   Elle m'a juré _____

7. Je n'ai jamais aimé les piqûres.
   Il a avoué _____

8. Je leur ai demandé de m'envoyer une brochure.
   Il a dit _____

Reading Corner 📖

5. Medical Bulletin

Here's a letter that Isabelle wrote to her mother to tell her about Georges' state of health. When you've finished reading it, write Georges and Isabelle's actual words to each other in the speech balloons.

Chère maman

Je m'excuse de ne pas avoir écrit plus tôt. Georges souffre toujours de sa crise de foie.

Il dit qu'il va un peu mieux. Je lui ai demandé s'il voulait appeler le docteur mais il a dit que ce n'était pas nécessaire. J'ai dit qu'il y avait une pharmacie au village s'il avait besoin de quelque chose. Il espère sortir se promener demain et j'ai dit que je l'accompagnerais.

J'espère que tout va bien à la maison. Grosses bises.

Isabelle x

Write Here

6. Your turn

Imagine that you're Isabelle and you're at the drugstore. Unfortunately the clerk is new at the job and can't find the items you need, so you have to tell her where the things are on the shelf. On your list you have:

Eau de Seltz _____

_____

Mouchoirs en papier _____

_____

Aspirine _____

_____

Dentifrice _____

_____

Shampooing _____

_____

Unit 7:

Talking shop

This unit is about stores and shopping. You will look at buying clothes and compare items and prices.

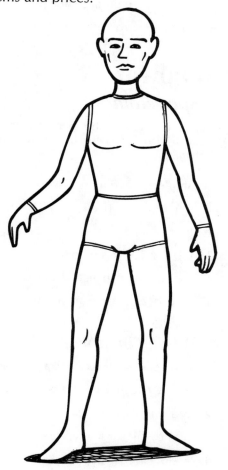

Match Game

1. The right fit

Draw these items of clothing on the correct part of the fashion dummy.

1. l'écharpe

2. les baskets

3. les gants rayés

4. la casquette

5. le chemisier à manches courtes

6. le pantalon bouffant

7. les chaussettes unies

Talking Point

2. Shopping expedition

Sylvie invited Isabelle to go on a shopping trip, leaving Georges to recover from his bout of ill health. They end up in the clothing department of a large store. At the end of the conversation, put **oui** or **non** next to the statements, as appropriate.

Isabelle:	J'adore cette jupe noire.
Vendeuse:	Vous voulez l'essayer, Madame?
Isabelle:	Oui, je veux bien. Est-ce que vous avez la même en gris?
Vendeuse:	Je vais voir.
Isabelle:	Sylvie, laquelle préfères-tu , la noire ou la grise?
Sylvie:	La noire est plus élégante, à mon avis.
Isabelle:	Oui, et plus pratique aussi.
Vendeuse:	Sinon, Madame, nous avons cette jupe-ci, mais en marron. Elle est un peu moins chère.

Isabelle:	Oui, mais elle est moins belle et plus courte que les autres.
Vendeuse:	La jupe courte est très à la mode cette saison.
Isabelle:	Non, je vais prendre la noire. Elle est plus chère, mais elle est plus chic.

1. Isabelle demande à essayer la jupe. _____

2. La jupe noire est très chic. _____

3. Isabelle aime les mini-jupes. _____

4. La vendeuse propose une jupe rouge à Isabelle. _____

5. La jupe marron est plus chère que la jupe grise. _____

Word Power W

3. Split clothes

Happily, it's not the clothes themselves that have split, just the names. In each question two words of the same length, the name of an item of clothing, have had their letters split up. Letters are still in the correct order. Can you patch things up again?

Example: g a p u n t l l   gant pull _____

1. j u r p e o b e   _____

2. b g o i l t e t e t   _____

3. t b i r i c k i n o t i   _____

4. c s a h a p e n a d a l e u   _____

5. m c h a n e t e m a i u s e   _____

4. What's in store?

The names of these stores are scrambled and rearranged in alphabetical order. Can you unscramble them?

1. a b c e e h i i l n r s s   _____

2. c e f f i o r u   _____

3. d e e g i o r r u   _____

4. e e i i n n o o p r s s   _____

5. a c e e i i i l l n q r u   _____

Language Focus ⊕

5. Beyond compare

Rewrite the following sentences in French.

Example: I am more intelligent than the rest of my family.
Je suis plus intelligent que les autres membres de ma famille. _____

1. Small stores are nicer than superstores.

_____

2. Supermarkets are more convenient.

   ----

3. Small store owners give more personal service.

   ----

4. The open air market is cheaper than the produce shop (greengrocer's).

   ----

5. The post office is as close as the bank.

   ----

6. The butcher shop isn't as expensive as the delicatessen.

   ----

7. The laundromat is as good as the dry cleaner's.

   ----

8. It's the most expensive department store in town.

Reading Corner 📖

6. Store directory

Here's the directory for a large department store. One of the stock clerks has a service elevator full of goods to deliver. Can you tell him which goods go on which floor?

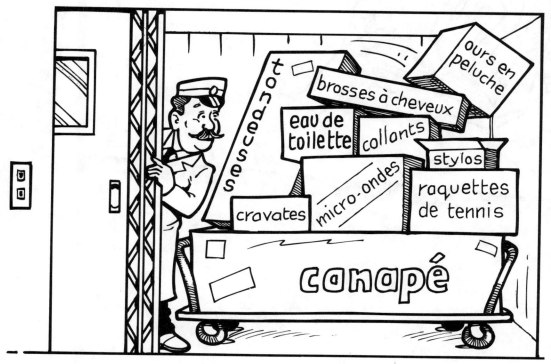

Premier étage
Meubles
Jouets
Vêtements - enfants

Rez-de-chaussée
Parfums
Vêtements - femmes
Coiffeur
Papeterie

Sous-sol
Comptoir électrique
Quincaillerie
Vêtements - hommes
Rayon de sports

Write Here ✎

7. Your turn

No department store would be complete without advertising. Make your own advertisement for detergent, using the vocabulary opposite as a guide.

une semaine seulement; 10% de réduction; prochain achat; produit; achetez; poudre à laver; gratuit; offre spéciale; marchandise

Unit 8: _____

Feelings

This unit is about opinions, feelings, and emotions. You'll practice exclamations and use the pronouns who, whom, whose, and which.

Match Game 🧩

1. How do you feel?

Find words in the box that match the words below. There are more words in the box than you'll need.

1. en colère _____

2. envieuse _____

3. soucieux _____

4. surpris _____

5. ravi _____

6. heureux _____

7. triste _____

8. satisfaite _____

contente
enchanté
furieux
inquiet
jalouse
joyeux
malheureuse
pointilleux
reconnaissant
stupéfait

Talking Point 👄

2. Raised voices

Isabelle returned from her shopping expedition with Sylvie to find that Georges is still a little under the weather. After reading the conversation, choose which statement in each pair is correct.

Isabelle: Bonsoir chéri, ça va?

Georges: Tu es en retard. J'ai faim.

Isabelle: Oh, que tu es grincheux! Tu ne me demandes pas si j'ai passé une bonne journée?

Georges: Je ne me sens pas bien.

Isabelle: Tu ne te sens jamais bien. Ou c'est peut-être que tu es paresseux!

Georges: Que tu es de mauvaise humeur! Qu'est-ce que tu as acheté? Des vêtements? Chers, sans doute!

Isabelle: Que tu es radin!

Georges: Et toi, tu jettes l'argent par les fenêtres! En plus tu n'as pas de cœur!

Isabelle: Moi! Moi qui passe mes vacances à jouer les infirmières!

Georges: Ce n'est pas de ma faute si je suis malade.

Isabelle: Je vais téléphoner à maman!

1. a.) Isabelle est tard.

   b.) Isabelle est en retard.

2. a.) Georges est paresseux.

   b.) Isabelle dit que Georges est paresseux.

3. a.) Georges ne se sent pas bien.

   b.) Georges ne se sent plus bien.

4. a.) Georges dit qu'Isabelle a trop dépensé.

   b.) Isabelle met son porte-monnaie près de la fenêtre.

5. a.) Isabelle est infirmière.

   b.) Isabelle est obligée de s'occuper de Georges.

Word Power

3. Square deal

A word square reads the same across and down. From the words opposite, make three word squares each containing the word RAVI.

ANES	RAVI
EGAL	RAVI
GRIS	RAVI
ISSU	SIEN
IVRE	SLIP
MERS	VERS

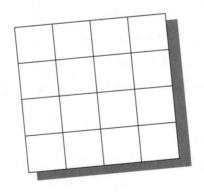

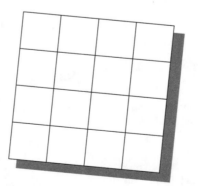

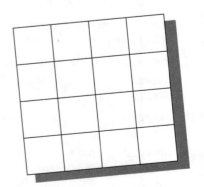

Language Focus ⊕

4. Relatively speaking

Put the correct relative pronoun – *qui*, *que*, *qu'*, or *dont* – in the blank spaces.

1. C'est un monsieur _____ a des sautes d'humeur.
2. Ce n'est pas une situation _____ je trouve amusante.
3. Je ne supporte pas les femmes _____ sont toujours jalouses.
4. La personne _____ je vous ai parlée ennuie énormément.
5. La dame _____ j'ai parlé est vexée.
6. Ce _____ m'intéresse, c'est la psychologie.
7. Ce _____ j'aime, c'est l'étude du comportement.
8. C'est une femme _____ le sens de l'humour est bizarre.

Reading Corner 📖

5. Return call

Thérèse, Isabelle's mother, got a phone call from Georges' mother Marie-Claire. As has happened before, there's some misunderstanding. Also, the sentences themselves are scrambled. Can you put them in order?

Marie-Claire: c'est Marie-Claire, Thérèse, bonjour

Thérèse: comment Marie-Claire, ça va?

Marie-Claire: Très pas merci Mais tout mon bien pauvre Georges ne va bien du

Thérèse: Il une eu indigestion n'est-ce a petite pas?

Marie-Claire: sais un peu grave C'est je pense Le plus foie tu

Thérèse: Heureusement Isabelle pu sortir une a avec une amie Elle est en heure vacances

Marie-Claire: Elle crois tout son temps à faire passe des courses je

Thérèse: très Elle est consciencieuse

Marie-Claire: quand Il faut soin de prendre Georges bien il est malade

Thérèse: C'est fait ce que Isabelle

Marie-Claire: ce C'est je A pensais que bientôt bien Thérèse

Thérèse: Au Marie-Claire revoir

_ _

_ _

_ _

Write Here ✎

6. Your turn

The magazine MARIE-HELENE is conducting a survey of its readers about their feelings and emotions in its À VOUS feature. Answer the survey questions yourself, and then write a short narrative to summarize it.

À Vous ...

Vous êtes toujours calme? Vous êtes souvent en colère? Répondez à nos questions pour trouver si vous êtes sensible ou impassible.

	oui	non
Vous êtes émotif/émotive.	☐	☐
Vous vous faites du souci.	☐	☐
Vous êtes souvent en colère.	☐	☐
Vous avez des sautes d'humeur.	☐	☐
Vous êtes facilement gêné(e).	☐	☐
Vous vous intéressez à plusieurs choses.	☐	☐
Vous êtes sociable.	☐	☐
Vous êtes toujours heureux/heureuse.	☐	☐
Vous êtes étourdi(e).	☐	☐
Vous êtes travailleur/travailleuse.	☐	☐

Example: *Je suis émotif. Je me fais du souci.* _

_ _

_ _

_ _

_ _

_ _

_ _

Unit 9:

Home sweet home

This unit is about houses and living accommodations. You will practice using possessive adjectives and pronouns.

Match Game

1. Room service

Match the items of furniture and household appliances to the correct rooms in the house.

1. la buanderie	( )	a. la corbeille
2. la chambre	( )	b. la machine à laver
3. la cuisine	( )	c. la coiffeuse
4. la salle à manger	( )	d. le vaisselier
5. la salle de séjour	( )	e. le fauteuil à bascule
6. le bureau	( )	f. le robot ménager

Talking Point

2. Comparing notes

Sylvie and Didier have come to visit Georges and Isabelle.

Sylvie: Bonsoir Isabelle, bonsoir Georges. Ça va mieux maintenant?

Georges: Ça peut aller.

Sylvie: Il est très beau, votre gîte. Il est plus grand que le nôtre.

Georges: Et chez vous, c'est comment?

Didier: C'est un appartement que j'avais avant notre mariage. Ce n'est pas exactement un appartement de grand standing mais c'est plus grand que chez Sylvie. Elle était locataire dans un H.L.M. C'était minuscule!

Georges: Nous avons un appartement aussi mais nous faisons construire une maison à la campagne…

Isabelle: …qui sera bien petite, il faut le dire. Nous aurons deux chambres, une douche, un salon/salle à manger, et une petite cuisine.

Georges: Mais on pourra la faire agrandir si on veut.

Isabelle: Quand on sera riche!

Here are several statements about the conversation above. In each group, two of the statements are true and one is false. Can you pick out the false one?

1. a. Georges n'est plus malade.
   b. Georges ne va pas trop mal.
   c. Georges va mieux.

2. a. Le gîte de Georges et Isabelle est grand.
   b. Le gîte de Didier et Sylvie est plus petit que celui de Georges et Isabelle.
   c. Le gîte de Georges et Isabelle est joli.

3. a. Sylvie louait un appartement avant son mariage.
   b. Didier habitait chez Sylvie avant son mariage.
   c. Sylvie habitait un immeuble avant son mariage.

4. a. Georges construit une maison.
   b. On construit une maison pour Georges et Isabelle.
   c. Georges et Sylvie font bâtir une maison.

5. a. La nouvelle maison aura trois pièces.
   b. Il n'y aura pas de salle de bains.
   c. Georges et Sylvie sont fortunés.

Word Power 🐝

3. Fast forward

Translate the word on the left into French, then "fast forward" the middle letter down the alphabet to find the translation of the word on the right.

Example: door _porte_ _____ post office _poste_ _____

1. to live _____ rent _____
2. local _____ faithful _____
3. lounge _____ soap _____
4. room _____ pliers _____
5. carpet _____ cabs _____

4. Semidetached

Find the French for the words below. Write your answers across in the grid. Each answer has four letters. The last two letters of one word are the first two of the next.

1. cellar
2. bicycle
3. accommodated
4. managed
5. real

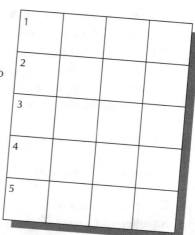

38

Language Focus ⊕

5. Possessive

Complete the sentences by filling in the blanks from the choice of words in parentheses.

1. _____ location se termine à la fin du mois. (mon/ma/mes)
2. _____ loyer est très cher en ce moment. (mon/ma/mes)
3. Tu espères acheter _____ propre maison. (ta/votre/vos)
4. Je ne le connais guère mais _____ sœurs sont bien sympathiques. (sa/ses/leurs)
5. Mon frère et moi allons souvent voir _____ mère. (son/notre/nos)
6. _____ fils ont déménagé il y a deux ans. (ma/notre/nos)
7. Paul a épousé _____ amie d'enfance. (son/sa/ses)

Reading Corner 📖

6. House calls

Six people live on the same floor of an apartment building. There is one person in each apartment. Using the clues below, can you work out who lives in each apartment?

L'appartement de Pierre a un numéro pair. Michelle a un voisin à gauche et un voisin à droite et chaque voisin est un monsieur. Annette occupe l'appartement numéro 2. Françine n'est pas locataire au numéro 4. Marc habite un appartement dont le numéro est supérieur à celui de l'appartement d'André.

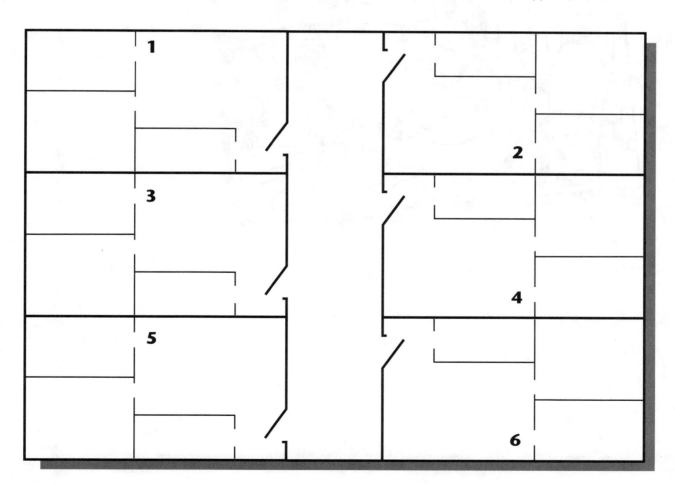

Write Here ✏️

7. *Your turn*

These two pictures are of the same room in a house, but eight things have moved in the lower picture. Can you say what these eight changes are?

Example: *La lampe n'est plus sur la table; elle est sur la bibliothèque.*

Unit 10:
Stage and screen

This unit is about the theater and movies. You will also practice using the conditional tense.

Match Game

1. Role play

Match these theater or movie studio employees with their job description.

1. Le réalisateur
2. L'équipe de tournage
3. Le cinéphile
4. La vedette
5. L'éclairagiste
6. L'ouvreuse

( ) a. vous indique votre siège
( ) b. est l'acteur principal du film
( ) c. dirige le tournage
( ) d. est un expert en la matière
( ) e. s'occupe des caméras
( ) f. s'occupe des projecteurs

Talking Point

2. Comparing notes

Sylvie and Didier suggest an evening at the movies to Georges and Isabelle. When you've read the passage, underline all the verbs and say how many are in the conditional tense.

Sylvie: Si on allait au cinéma? Il y a un film de science-fiction au ciné-club en ville.

Georges: Je ne sais pas. La science-fiction, ce n'est pas mon genre de film.

Sylvie: Ou autre chose peut-être. Film de guerre, comédie, dessins animés?

Isabelle: J'aimerais bien aller voir une comédie. Je voudrais bien rire un peu!

Didier: Si on partait vite, on pourrait aller manger d'abord.

Georges: Je ne peux pas trop manger surtout si on va voir un film d'horreur. Je risquerais de retomber malade.

Sylvie: On ne va pas aller voir un film d'horreur. Moi, je préférerais une comédie, comme Isabelle.

Georges: Il y a parfois un documentaire avant le long métrage.

Isabelle: Je vais chercher mon sac. Tu viens, Georges?

Word Power ꟿ

3. Movie maze

Starting at the top left corner and moving in any direction except diagonally, find the French equivalent of these words.

audience   auditorium   intermission
screen   screening   the movies

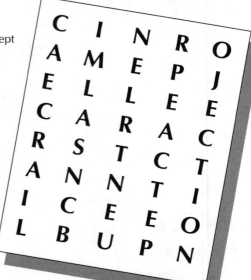

4. Film puzzle

Can you get Anne to the film? Solve this word puzzle. Starting with the word ANNE, changing one letter per line and making a new word in each case, make four moves to reach the word FILM. (You can add or remove accents where necessary.)

ANNE

_ _ _ _ _ _ _ _ _ _ _

_ _ _ _ _ _ _ _ _ _ _

_ _ _ _ _ _ _ _ _ _ _

_ _ _ _ _ _ _ _ _ _ _

FILM

Language Focus ⊕

5. What would happen if…

Write the conditional tense of the verbs in parentheses.

Si je gagnais au Loto, j' _ _ _ _ _ _ _ _ _ _ (acheter) une belle maison au bord de la mer. Je _ _ _ _ _ _ _ _ _ _ (choisir) probablement un nouvelle voiture et je _ _ _ _ _ _ _ _ _ _ (prendre) des vacances à l'étranger. Nous _ _ _ _ _ _ _ _ _ _ (partir) presque tout de suite pour l'Amérique et nous _ _ _ _ _ _ _ _ _ _ (s'amuser) énormément. Je _ _ _ _ _ _ _ _ _ _ (donner) une grosse somme à l'hôpital pour la recherche. Je _ _ _ _ _ _ _ _ _ _ (payer) mes impôts et je _ _ _ _ _ _ _ _ _ _ (s'acquitter) de toutes mes dettes. J' _ _ _ _ _ _ _ _ _ _ (avoir) beaucoup plus de loisirs et je _ _ _ _ _ _ _ _ _ _ (être) bien content.

Reading Corner

6. Movie review

Read this short extract from a movie review in the magazine *Cinéphile*. Two other publications – *Cinéma aujourd'hui* and *Festival du cinéma* – reviewed the movie as well. One agreed with the comments below and one disagreed.

Choose the review that reflects the same opinion as that of *Cinéphile*.

★★★★★ *Cinéphile* ★

Philippe Delamare

critique de Cinéphile écrit:

C'est un western comme tous les autres.

Les films en langue étrangère sont souvent doublés mais celui-ci est très mal doublé, et donc ce film dramatique ressemble à une farce.

Les effets spéciaux ne sont pas tellement originaux.

Les quatre acteurs principaux jouent des rôles très difficiles.

Comme le réalisateur a reçu un Oscar pour sa dernière pro-duction – certains ont dit que c'était un vrai chef-d'œuvre – on attendait une première magnifique.

Le film passe au ciné-club tous les jours sauf le lundi à partir de 14h.

24

1. a. C'est un western original.
   b. C'est un western qui manque d'originalité.

2. a. Le doublage est excellent.
   b. Le doublage a rendu le film plutôt comique.

3. a. J'ai déjà vu de tels effets spéciaux.
   b. J'ai apprécié la nouveauté des effets spéciaux

4. a. C'était une première superbe.
   b. J'espérais voir un film excellent.

5. a. Heureusement il a déjà reçu un oscar pour un film récent.
   b. Le réalisateur devrait recevoir un oscar pour ce film.

Write Here ✎

7. Your turn

Now it is your to turn to turn reviewer! Write a review for *Cinéphile* based on a movie you have seen.

Unit 11: _____

Money, money, money

This unit is about cash and currency. You'll also practice using pronouns.

Match Game 🧩

1. Personal finance

Find the words in the box that mean the same as the ones below. You won't use all the words in the box.

1. toucher _____
2. mettre de côté _____
3. la caisse _____
4. l'épargne _____
5. la monnaie _____
6. la billetterie _____

> les économies
> le distributeur automatique
> encaisser
> le guichet
> faire des économies
> la devise
> la carte de crédit
> le compte

Talking Point 👄

2. Cash crisis

Georges and Isabelle are out for lunch when disaster strikes. Later, Isabelle describes what happened to Sylvie. Read Isabelle's answers. What would Sylvie's questions have been?

Georges: Dépêche-toi Isabelle, sinon le restaurant sera fermé.

Isabelle: J'arrive. Tu as le carnet de chèques? Tu sais que le restaurant ne prend pas les cartes de crédit.

Georges: Ne t'en fais pas.

Isabelle: Voilà. Je vais prendre l'œuf mayonnaise et un steak-frites, bien cuit. Avec un quart de vin du patron, du rouge.

Georges: Et pour moi les hors-d'œuvres variés et le poulet. Et une demi-bouteille d'eau minérale.

Isabelle: Ça fait deux menus à 90 francs. Si on ajoute les boissons, on aura donc besoin de 200 francs.

Georges: C'est bien ça. Oh non! J'ai laissé mon portefeuille à la maison!

Isabelle: Tu n'as pas le carnet de chèques?

Georges: Non, il est dans mon portefeuille. Qu'est-ce qu'on peut faire?

Isabelle: Je crois que j'ai les 200 francs dans mon sac. Mais je devrai aller à la banque tout de suite après le déjeuner, sinon je n'aurai rien pour sortir cet après-midi. Que tu es bête, Georges!

1. J'ai pris un steak-frites bien cuit.

   ----

2. J'ai bu un verre de vin rouge.

   ----

3. Il n'en a pas pris. J'étais seule à boire du vin.

   ----

4. Ça a fait 210 francs, boissons comprises.

   ----

5. Parce que sinon je n'aurais pas eu d'argent pour sortir cet après-midi.

Word Power ⚓

3. Currency code

There are no letters in this crossword, only numbers. Each letter of the alphabet has been given a code number. You have to crack the code and decide which number represents which letter.

You have the currency FRANC as your starter word. When you've cracked the code and completed the crossword, can you find out which currencies are represented by the code numbers below? You can use the smaller of the two grids to keep track of which number stands for which letter.

1	2	3	4	5	6	7	8	9	10	11	12	13
F	R	A	N	C								
14	15	16	17	18	19	20	21	22	23	24	25	26

1. 23.9.14.14.3.2. --

2. 21.6.10.6.7.3. --

3. 2.9.11.19.14.6. ---

4. 14.8.17.2.6.10.7.6.2.14.8.4.16. ------------------------------------

5. 15.3.2.13. --

6. 12.6.4. --

46

Language Focus 👄

4. Y *and* en

Answer the following questions, replacing the words underlined with either *y* or *en*.

1. Tu as <u>de l'argent</u>?

   Non, _ _ _ _ _ _ _ _ _ _ .

2. Tu vas <u>à la caisse</u>?

   Oui, _ _ _ _ _ _ _ _ _ tout de suite.

3. Vous avez <u>une carte de crédit</u>?
   Oui, _ _ _ _ _ _ _ _ _ dans mon sac.

4. Combien de <u>bouteilles de vin</u> achètent-ils?
   Ils _ _ _ _ _ _ _ _ _ cinq.

5. Ils vont retirer <u>de l'argent</u>?
   Oui, ils vont _ _ _ _ _ _ _ _ _ .

6. Vous avez perdu <u>des chèques de voyage</u>?
   Oui, j' _ _ _ _ _ _ _ _ _ .

7. Il va <u>à la Poste</u> pour encaisser un chèque?
   Oui, il _ _ _ _ _ _ _ _ _ .

8. Vous acceptez <u>les cartes de retrait</u>?
   Oui nous _ _ _ _ _ _ _ _ _ plusieurs.

9. Quand tu étais à la banque, tu as pris <u>des francs suisses</u>?
   Non, je _ _ _ _ _ _ _ _ _ .

10. Tu es allé <u>à la Poste</u>?
    Oui, j _ _ _ _ _ _ _ _ _ ce matin.

Reading Corner 📖

5. Money box

Read about Isabelle's saving plan and try to work out the mathematical brain teaser!

Isabelle met de l'argent de côté parce qu'elle veut acheter un beau cadeau à son mari. Elle met l'argent dans une boîte. La première semaine elle met dix francs dans la boîte. Elle décide que ce n'est pas assez. Alors la semaine suivante, elle décide de doubler la somme et elle y met vingt francs. La troisième semaine elle y met quarante francs et elle continue à doubler la somme chaque semaine. Combien d'argent aura-t-elle dans la boîte au bout de huit semaines?

_ _

Write Here ✏️

6. Your turn

Here are two pictures in a bank, one before and one after a robbery. Six people have moved in the lower picture compared to the upper picture. Can you say how their positions have changed? (In French, of course!)

The bank robber is in picture 1 but not in picture 2. Can you describe him in French?

Unit 12: _____

Review

This unit gives you a chance to review a variety of vocabulary, grammar, and cultural items.

1. It stands to reason...

Using the information given by the people below and using logical deduction, figure out the names of the four people who have come to collect an item of lost property at the 'bureau des objets trouvés', and what that item is.

Eric a perdu un livre

Catherine a les cheveux noirs. Quelqu'un a perdu une petite valise

C'est un des messieurs qui a perdu la raquette de tennis

Je m'appelle Bruno. Mimi n'a pas perdu un parapluie

1. _____

3. _____

2. _____

4. _____

2. Giant crossword

Write the French solutions to the English clues in the grid. Adjectives are masculine singular unless we say otherwise. The number of letters in the word or words is given at the end of the clue.

Across

1. Afternoon nap (6)
4. Clean (6)
8. Useful (mpl) (6)
9. Sorry (6)
11. Idea (4)
12. One (f) (3)
13. Slow (4)
16. No (3)
17. Entertained (5)
18. Coach (3)
19. Niece (5)
22. Flash, burst (5)
25. Metric land measurement (7)
26. The Stock Exchange (6)
28. Grab (6)
29. Blind alleys (4.2.3)
32. Saturday (6)
33. Shoulder (6)
35. To annoy (7)
38. Weather forecast (5)
40. Earth (5)
43. King (3)
44. Fist (5)
45. Said (3)
46. To boo (4)
47. Wheat (3)
48. Saw (4)
51. Plain (6)
52. Opponent (6)
53. Slender (6)
54. Butter (6)

Down

1. Grape variety (9)
2. Demanding (f) (9)
3. Very (4)
5. Nothing (4)
6. Cooked in a style with peppers, tomatoes etc. (9)
7. The voters (9)
10. Worried (7)
14. Spoiled (f) (5)
15. To give in (5)
20. Tax (5)
21. Pork butcher's/ delicatessen (11)
23. Bachelor (11)
24. Seated (5)
27. Attempt (5)
28. Sweden (5)
30. Mistake (5)
31. Clear (5)
34. Needle (8)
36. Broken (5)
37. Storey (5)
38. Merchants (Tradesmen) (9)
39. Term (9)
41. Editor (9)
42. End (9)
49. Extra dry (4)
50. Eleven (4)

Unit 13:
On the road

This unit is about road travel and road signs. You will practice talking about past events using the past perfect, and asking directions.

Match Game

1. Signs of the times

Match the explanations of the road signs to the signs themselves. There are more explanations than there are signs and there could also be more than one match!

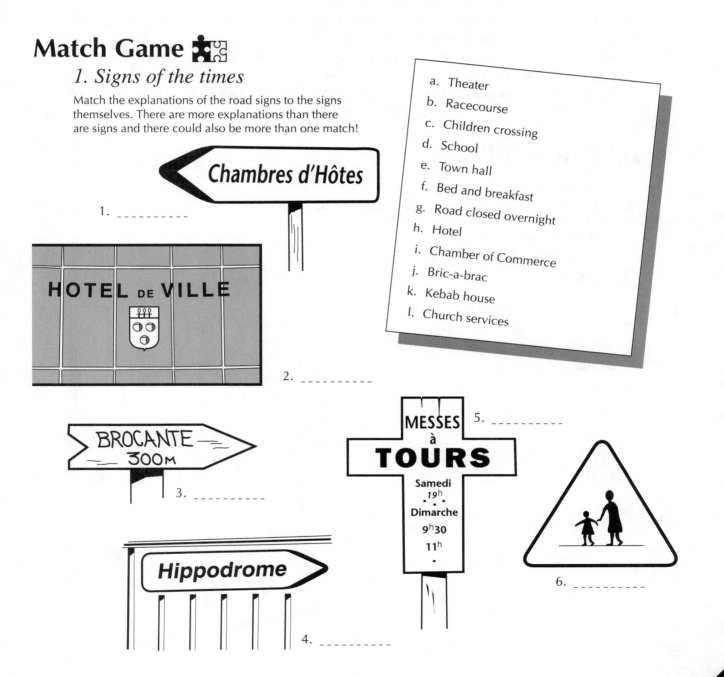

a. Theater

b. Racecourse

c. Children crossing

d. School

e. Town hall

f. Bed and breakfast

g. Road closed overnight

h. Hotel

i. Chamber of Commerce

j. Bric-a-brac

k. Kebab house

l. Church services

Chambres d'Hôtes

1. _ _ _ _ _ _ _ _ _ _

HOTEL DE VILLE

2. _ _ _ _ _ _ _ _ _ _

BROCANTE 300M

3. _ _ _ _ _ _ _ _ _ _

Hippodrome

4. _ _ _ _ _ _ _ _ _ _

MESSES à TOURS
Samedi 19ʰ
Dimarche 9ʰ30
11ʰ

5. _ _ _ _ _ _ _ _ _ _

6. _ _ _ _ _ _ _ _ _ _

Talking Point 👄

2. Anger in Angers

Georges and Isabelle are out in the car. Georges is driving, and Isabelle has the map. Find a word or phrase that means the opposite of the words or phrases underlined in the passage.

Georges: A gauche ou tout droit?

Isabelle: Tout droit. <u>A gauche</u> c'est une rue <u>à sens unique</u>.

Georges: Il y a un embouteillage ici. Quelqu'un est tombé en panne.

Isabelle: Peut-être si on prenait cette petite rue-là. Comme ça, on peut s'arrêter près de la rivière et visiter le château. C'est un peu haut, mais il est très <u>beau</u> et ça vaut la peine.

Georges: Non je vais chercher un parking <u>couvert</u>.

Isabelle: Si tu avais pris cette route on y serait arrivé. Tu vas trop <u>vite</u>, voilà un passage pour piétons.

Georges: Je le vois. Je garde mes distances. Je suis <u>un chauffeur prudent</u>.

Isabelle: Si tu tournes à gauche ici <u>tu arriveras</u> au parking. Si tu faisais <u>marche arrière</u>…

Georges: Non je vais me garer ici. Je vais <u>arrêter le moteur</u>.

Isabelle: Tu ne peux pas. C'est <u>interdit</u> des deux côtés. Et voilà un agent de la circulation qui arrive. Il va te mettre une contravention pour stationnement illégal. Si tu m'avais écoutée…

Word Power 🐝

3. Center lane

Solve the clues and write your answers in the grid. Each answer has five letters. When you're done, the center column reading down will give you the name of a road sign.

1. Full fare – plein _ _ _ _ _ _ _ _ _ _
2. Lead-free – sans _ _ _ _ _ _ _ _ _ _
3. I travel – je _ _ _ _ _ _ _ _ _ _
4. Cars
5. Tires
6. Self service – _ _ _ _ _ _ _ _ _ _ service
7. Toll
8. Stop
9. Map
10. Fill it up – le _ _ _ _ _ _ _ _ _ _
11. Brake

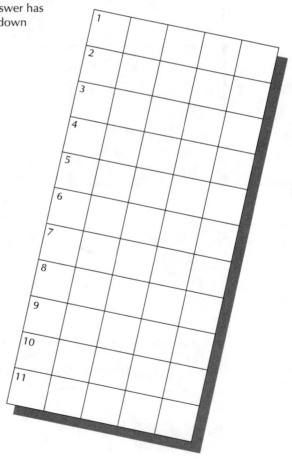

Language Focus 👄

4. This had happened...

Fill in the blanks with the past perfect (pluperfect) of the verbs in parentheses.

Example: Quand je suis arrivé à la maison je me suis aperçu que **j'avais laissé** mon parapluie dans l'autobus. (laisser)

1. Il a fait marche arrière parce qu' _ _ _ _ _ _ _ _ _ de route. (se tromper)
2. Il s'est arrêté car un agent de police lui _ _ _ _ _ _ _ _ _ . (faire signe)
3. Nous avons suivi les indications que vous nous _ _ _ _ _ _ _ _ _ . (donner)
4. Nous avons continué à rouler parce que le feu _ _ _ _ _ _ _ _ _ au vert. (passer)
5. Nous nous sommes arrêtés car un grand camion _ _ _ _ _ _ _ _ _ contre la barrière de sécurité. (s'écraser)
6. Il a eu une contravention parce qu'il n' _ _ _ _ _ _ _ _ _ pas _ _ _ _ _ _ _ _ _ le panneau de limitation de vitesse. (voir)

Reading Corner 📖

5. Directions

Read the map directions on how to get to a special restaurant Georges and Isabelle wanted to visit. Then write how Isabelle might have described the day's events to Sylvie later on.

Example: Nous avons pris l'autoroute A10.

Prenez l'autoroute A10. Sortez à Tours. Tournez à gauche juste après le virage. Au rond-point, prenez la troisième sortie. Au rond-point suivant, allez tout droit. Après le pont, tournez à droite. Continuez sur une dizaine de kilomètres. Au village de La Chapelle, tournez à gauche juste après la Poste. Le restaurant se trouve un peu plus loin, en face de la petite ferme.

Write Here

6. Your turn

Look at the map below. Isabelle asks you the fastest way to get from the parking garage to the swimming pool.
Georges also starts at the parking garage (car park) and wants to get to the Post Office. Can you help them?

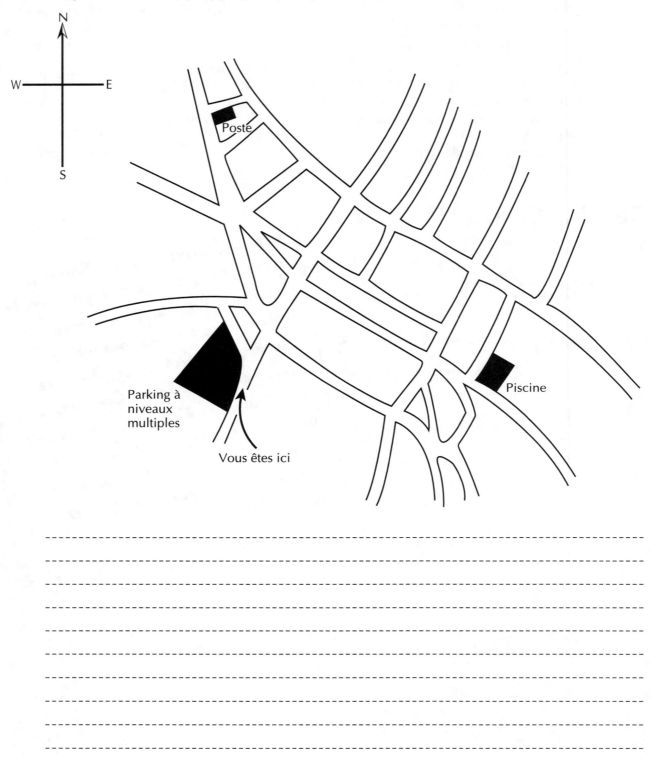

Unit 14:

Tourist trail

This unit is about tourism, particularly *châteaux,* which are a main tourist attraction of the Loire Valley. You'll also use the perfect tense with the expressions *il y a* and *depuis*.

Match Game

1. Tourist menu

Match the places of interest to the people. Try to find four places that would suit each of them.

l'abbaye   l'aquarium   la cathédrale   le château fort   les créneaux   l'église   la galerie
le jardin public   le jardin zoologique   les maisons troglodytes   le monastère   le musée
le planétarium   le quartier commerçant   les remparts   la vente aux enchères

Georges:	J'aime beaucoup l'histoire, surtout l'histoire religieuse. L'architecture m'intéresse un peu mais je n'aime pas les visites guidées et j'ai horreur des voyages en groupe.
Isabelle:	J'aime faire des courses et j'aime les beaux-arts, surtout les gravures, et les antiquités. Les endroits encombrés ne m'intéressent pas.
Didier:	L'histoire militaire m'intéresse énormément. J'aime aussi l'astrologie. Je déteste les vacances en car.
Sylvie:	J'adore les plantes et les animaux. J'aime le tourisme et les choses bizarres. Je n'aime pas tellement les expositions.

Georges: _____

Isabelle: _____

Didier: _____

Sylvie: _____

Talking Point

2. Tourist trade

Georges, Isabelle, Didier, and Sylvie are visiting the *château* at Saumur. Answer the questions that follow the passage.

Didier:	C'est la première fois que tu viens à Saumur?
Georges:	Non, j'y suis venu avec mes parents quand j'étais petit.
Isabelle:	Le château est très beau, tu ne trouves pas? Ma mère l'a visité quand elle est venue voir ses amis à Tours.

Georges:	Je me souviens que je m'étais promené dans de beaux jardins.
Isabelle:	J'ai lu dans le guide que Geoffroy Plantagenêt a construit le premier château de Saumur au douzième siècle. La ville a acheté le site en 1906.
Sylvie:	Tu as vu l'exposition de tapisseries?
Georges:	Non, ça ne m'intéresse pas du tout. Je me rappelle que j'ai beaucoup aimé le Musée du Cheval.
Didier:	Eh bien, allons-y.

1. Est-ce que c'est la première fois que Georges vient à Saumur?

   ----

2. Quand est-ce que la mère d'Isabelle a visité Saumur?

   ----

3. Comment est-ce qu'Isabelle a trouvé le château?

   ----

4. Est-ce que Georges n'a visité que le château?

   ----

5. Est-ce que Georges a vu l'exposition de tapisseries? Pourquoi?

   ----

6. Qu'est-ce que Didier propose de faire?

Word Power

3. Building blocks

Write the answers to the clues, going down on the grid. Each answer has eight letters. When you're done, the shaded rows reading across will give you the name of famous buildings – one church, one *château* – which are popular tourist attractions. Adjectives are masculine singular unless we say otherwise.

1. Fond of games or exercise (f)
2. Attached to (f)
3. Colors
4. Pushed away
5. Swiss cheese
6. Dairy
7. Obstruction
8. Together
9. Use
10. Upside down

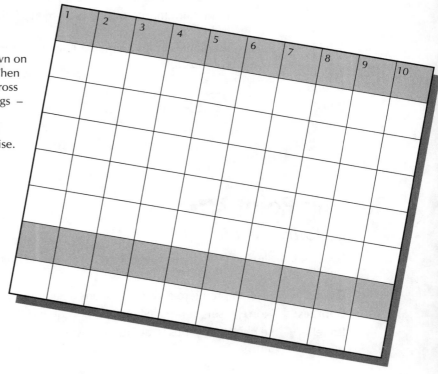

Language Focus ⊕

4. Depuis, il y a

Fill in the blanks in the sentences below with either *depuis* or *il y a*.

1. Nous sommes en vacances _____ huit jours.
2. _____ deux ans, je suis allé en Amérique.
3. As-tu vu Sylvie _____ son retour de vacances?
4. Nos amis Georges et Isabelle ont fait le tour des châteaux de la Loire _____ quelques mois.
5. J'ai pris Le Shuttle _____ un mois lors d'un voyage d'affaires.
6. Nous organisons nos prochaines vacances _____ l'année dernière.
7. Sylvie a envoyé une carte postale à sa mère _____ deux jours.
8. Nous ne connaissons Sylvie et Didier que _____ une semaine.

Reading Corner 📖

5. Character sketch

Read how these characters from history describe themselves. See if you can identify each person, then write how these "pen portraits" might have appeared in a guide book.

Example: Je suis né en Corse. <u>Il est né en Corse...</u> _____

1. Je suis né en Corse en 1769. Je suis devenu Premier Consul de France en 1799. J'ai fondé un Empire français en Europe. J'ai épousé Joséphine de Beauharnais. J'ai subi une défaite contre les Russes en 1812. On m'a envoyé à l'île d'Elbe en 1814, mais je suis rentré en France. A Waterloo, j'ai été battu par l'armée de Wellington et des Prussiens . On m'a envoyé en exil à Sainte-Hélène.

   _____

   _____

   _____

   _____

   _____

   _____

   _____

2. Je suis née en Pologne en 1867. Mon mari français était chimiste comme moi. En 1903, j'ai été la première femme à recevoir un prix Nobel. C'était le prix Nobel de physique. En 1911 j'ai remporté le prix Nobel de chimie; j'étais la première personne à recevoir deux fois ce prix. J'ai découvert le radium.

   _____

   _____

   _____

   _____

   _____

   _____

   _____

Write Here ✏️

6. Your turn

From the brief notes below, write "pen portraits" of two famous French ladies, one from the 15th century and one from the 20th.

1

Jeanne d'Arc.
Patriote française.
Née 1412. Famille paysanne.
Treize ans. Vision.
Siège d'Orléans.
Charles VII à Reims.
Prisonnière des
Anglais. Rouen.
Morte 1431.

2

Brigitte Bardot.
Actrice française.
Née 1934.
Films des années cinquante.
1970 recluse.
Associations de protection
des animaux.
Campagne pour les droits
des animaux.

Unit 15:

Going green

This unit is about the environment. You'll look at vocabulary relating to pollution and the weather and also practice the imperfect tense.

Match Game 🧩

1. Weather wise

Match a weather term in the box to one below that has a similar meaning. You won't use all the words in the box.

1. glacial _____
2. la bruine _____
3. l'orage _____
4. l'averse _____
5. lourd _____
6. l'amoncellement de neige _____

> **la congère**
> **le crachin**
> **l'éclair**
> **étouffant**
> **il gèle**
> **il grêle**
> **humide**
> **nuageux**
> **pluvieux**
> **la tempête**

Talking Point 👄

2. Power struggle

Georges, Isabelle, Didier, and Sylvie are returning from Saumur. They pass the nuclear power station near Bourgueil. Following the passage there are groups of statements. In each group two statements are true and one is false. Pick out the false one.

Didier: Voilà la centrale nucléaire. Que c'est laid!

Georges: Mais bien nécessaire pour avoir de l'électricité bon marché.

Didier: Mais la qualité de la vie? La défense de l'environnement?

Sylvie: Tu ne crois pas que le trou de la couche d'ozone aura des conséquences pour le monde entier?

Georges: Si les femmes ne se servaient pas de laque en aérosol, par exemple...

Isabelle: Notre voiture marche à l'essence sans plomb.

Sylvie: Vous avez un pot catalytique?

Georges: Non, ce n'est pas indispensable. Et je suis écologiste. Isabelle va chaque semaine déposer nos bouteilles vides et nos vieux journaux dans des conteneurs spéciaux.

Didier: Mais tu es un vrai écologiste, Georges!

1. a. Les quatres amis visitent la centrale nucléaire.   *True/False*
   b. Les quatre amis passent à côté de la centrale nucléaire.   *True/False*
   c. Ce n'est pas un beau bâtiment.   *True/False*

2. a. Selon Georges la centrale nucléaire produit l'électricité bon marché.   *True/False*
   b. Didier se sent concerné par la préservation de l'environnement.   *True/False*
   c. Ils parlent d'une réserve naturelle.   *True/False*

3. a. On fabrique des bombes à la centrale nucléaire.   *True/False*
   b. Certaines femmes utilisent de la laque en aérosol.   *True/False*
   c. Il y a un trou dans la couche d'ozone.   *True/False*

4. a. L'essence sans plomb abîme moins l'environnement.   *True/False*
   b. Les amis marchent car la voiture n'a plus d'essence.   *True/False*
   c. Un pot catalytique limite les gaz d'échappement.   *True/False*

5. a. Georges et Isabelle recyclent quelques ordures ménagères.   *True/False*
   b. Le papier et le verre sont recyclables.   *True/False*
   c. Georges et Isabelle ont un pot catalytique.   *True/False*

Word Power ⚐

3. The ozone layer

Write the answers to the clues in the grid. The middle letter of each answer is O.

1. Early (3)
2. Cold (5)
3. Develop, unfold (7)
4. Bear, endure (9)
5. Parking (11)
6. Come closer (9)
7. To water, to spray (7)
8. Lead (5)
9. Soft (3)

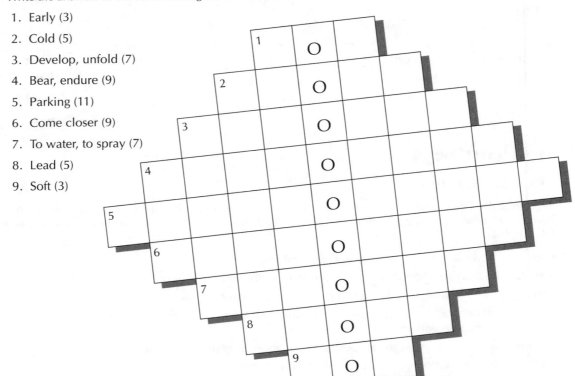

Language Focus ⊕

4. Past times

Complete the sentences below, choosing the perfect or imperfect tense of the verbs in parentheses.

1. Il _____ frais, alors je _____ un gilet. (faire, prendre)
2. Notre voiture ne _____ pas, elle _____ d'huile. (marcher, manquer)
3. Je _____ un documentaire au sujet de la pollution quand le téléphone _____ . (regarder, sonner)
4. S'il _____ j'apporterais mon parapluie. (pleuvoir)
5. Si tu _____ les déchets dans la poubelle il y aurait moins d'ordures dans la rue. (mettre)
6. Il _____ généralement tout ce qu'il _____ . (recycler, pouvoir)
7. Si je _____ que faire je le ferais tout de suite. (savoir)
8. Nous _____ près de la centrale nucléaire depuis plusieurs années quand la catastrophe _____ . (habiter, se produire)

Reading Corner 📖

5. Weather forecast

Read the weather forecast for Thursday.

On Friday evening Isabelle writes to her mother, telling her what happened on Thursday (perfect tense) and in what sort of weather (imperfect tense).

Write the postcard for her.

Le temps

Jeudi matin il fera frais.

Les températures maximales seront comprises entre huit et dix degrés Celsius et le ciel sera couvert, mais dans la matinée le soleil brillera et vous pourrez aller vous promener.

Quand vous rentrerez, il pleuvra et une petite bruine continuera de tomber jusqu'au soir.

Vendredi il fera plus chaud.

Write Here ✏

6. Your turn

Looking at the chart below, write in Isabelle's diary. Say what she and Georges did (perfect tense) and how the weather was (imperfect).

29 DIMANCHE

Example: *Lundi, il y avait du soleil. Nous sommes allés marcher.*

Unit 16:

Press gang

This unit is about the magazines and newspapers. You'll also practice the future tense.

Match Game

1. Which section?

Match the newspaper or magazine section with the feature that would be found in it.

1. Mots croisés
2. La Bourse
3. Maisons à Vendre
4. Actualités
5. Théâtre et cinéma
6. Les gens d'aujourd'hui
7. La mode
8. Roland-Garros

( ) a. Divertissements
( ) b. Immobilier
( ) c. Pour vous, Mesdames
( ) d. Sport
( ) e. Echos
( ) f. Nouvelles nationales et internationales
( ) g. Les Marchés Financiers
( ) h. Jeux

Talking Point

2. Read all about it!

Georges and Isabelle meet Didier and Sylvie in the *Maison de la Presse*. Their conversation is scrambled. Can you put it in order?

Sylvie: Oui, j'ai mon magazine.

Didier: Moi, je cherche un quotidien, tout simplement.

Isabelle: Bonjour, tout le monde! Vous avez déjà tous acheté quelque chose. Mais Georges, pourquoi as-tu acheté ce magazine-là? J'ai trouvé tes bandes dessinées là-bas. Tiens, les voilà!

Didier: Salut, Georges. Ça va? C'est vrai qu'on lit de plus en plus de magazines!

Didier: C'est surtout les pages sport qui m'intéressent. Ah, voilà Sylvie qui arrive. Tu as choisi, chérie?

Georges: Bonjour, Didier! Je cherche quelque chose sur l'actualité politique. Et toi, qu'est-ce que tu cherches?

Georges: Qu'est-ce qu'il y a comme suppléments dans les journaux maintenant!

Georges: Il n'y a que des photos dans ces magazines de luxe. Des photos et le courrier du cœur. Je préfère la presse d'information.

Word Power W

3. Le mot juste

Write the French equivalents of the words below. Each answer contains MOT within the word.

1. Design, pattern (5) _____

2. Engine (6) _____

3. Feeling (7) _____

4. Dodged, evaded (8) _____

5. Diving bird (9) _____

4. A way with words

A word square reads the same across and down. Find the answers to the clues below to make two word squares.

1. Suede
2. Hello
3. Small island
4. Words
5. Names
6. Obeyed
7. Mother
8. His or hers: le _____

Language Focus ⊕

5. Look to the future

Change the following sentences from the immediate future tense (*aller* + infinitive) to the simple future.

Example: Je vais partir demain matin. *Je partirai demain matin.* _____

1. Il va prendre un abonnement.

   _____

2. Je vais lire mon horoscope.

   _____

3. Georges et Isabelle vont faire des mots croisés.

   _____

4. Le journaliste va faire un reportage sur les élections.

   _____

5. La rédactrice du courrier du cœur va répondre à ses lettres.

----

6. Il va être rédacteur en chef.

----

7. Je vais me tenir au courant de l'actualité.

----

8. Didier et Sylvie vont s'asseoir sur la terrasse pour lire leurs journaux.

Reading Corner 📖

6. Star signs

Read the horoscope predictions from *Hebdomag*, then say how a person born under each of the star signs might describe their personal prediction.

Example: **Capricorne:** *Je recevrai de bonnes nouvelles cette semaine.*

Verseau: _____

Poissons: _____

Bélier: _____

Taureau: _____

Gémeaux: _____

Cancer: _____

Lion: _____

Vierge: _____

Beaux jours cette semaine

CAPRICORN de bonnes nouvelles

AQUARIUS un voyage

PISCES une visite

ARIES pas de problèmes financiers

TAURUS beaucoup d'exercice

GEMINI pas de problèmes au bureau

CANCER un beau cadeau de votre partenaire

LEO un(e) nouvel(le) mi(e)

VIRGO vous sortirez beaucoup

LIBRA un nouveau passe-temps

SCORPIO un problème; un ami vous aidera

SAGITTARIUS une belle surprise

Hebdomag

73

Balance: _____

Scorpion: _____

Sagittaire: _____

Write Here ✎

7. Your turn

Here's a brief extract from a horoscope that appeared in another magazine.

Unfortunately, the complete opposite of all the predictions has happened to Isabelle, who's now writing an indignant letter to the magazine. Can you suggest what Isabelle might write?

> Vous passerez une bonne semaine. Tout ira bien chez vous. Vous sortirez dîner avec votre collègue. Vous recevrez un coup de téléphone d'une ancienne amie. Vous préparerez vos vacances d'été.

Example: *Je n'ai pas passé une bonne semaine. J'étais malade...*

_____

_____

_____

_____

_____

_____

_____

_____

_____

_____

_____

_____

_____

Unit 17:

Festivities

This unit is about festivals and the calendar. You'll also practice demonstrative pronouns and adjectives.

Match Game 🧩

1. Holiday dates

Match the holidays and festivals with their correct dates. There are more dates than there are holidays.

1. la fête du travail ( )
2. le lendemain de Noël ( )
3. la fête nationale ( )
4. la veille de la Toussaint ( )
5. le jour de l'an ( )
6. la Saint-Sylvestre ( )

a. le premier janvier
b. le quatorze février
c. le premier mai
d. le trente-et-un décembre
e. le onze novembre
f. le vingt-six décembre
g. le quatorze juillet
h. le trente-et-un octobre

Talking Point 👄

2. Sparkling conversation

Didier and Sylvie have invited Georges and Isabelle to join them for the *fête nationale* celebrations being held in the town. Fill in the blanks with suitable adjectives from the box, changing the endings as necessary.

Sylvie: Si on allait passer la soirée en ville?

Didier: Il y a des feux d'artifice, et puis on peut aller manger, peut-être.

Sylvie: La crêperie de la place n'est _____ que depuis la fin juin. Si on allait y manger après les feux d'artifice?

Isabelle: Moi, je veux bien. C'est _____ , les crêpes. Personnellement, je les préfère _____ .

Didier: Georges?

Georges: Je ne pense pas. J'avais l'intention de me coucher tôt ce soir. Je suis _____ .

Isabelle: Mais c'est une fête _____ . Il y a des drapeaux partout, des drapeaux _____ _____ et _____ .

Sylvie: J'adore les feux d'artifice _____ .

Georges: Les feux d'artifice sont parfois tellement _____ .

Sylvie: Tu es trop _____ , Georges. On va passer une _____ soirée.

blanc
bleu
bon
délicieux
fatigué
important
bruyant
multicolore
ouvert
rouge
sérieux
sucré

Word Power ᵂ

3. Lost time

A date or time expression is hidden in each of the sentences below. Take time to find them.

1. Monsieur Nicol, un directeur des ventes, est venu nous voir.
2. J'ai bien dormi, Didier, et toi?
3. J'aime les fruits de mer mais je trouve le calmar différent.
4. Il est Catalan, né en France et trilingue.

1. _____
2. _____
3. _____
4. _____

4. First footing

Find the answers to the pairs of clues below. The first letter of the second word has moved down the alphabet.

Example: eight – night   _huit – nuit_ _____

1. black – evening   _____
2. morning – skate   _____
3. proud – yesterday _____
4. happy – May   _____
5. guy, chap – March _____

Language Focus ⊕

5. Being demonstrative

Fill in the blanks with *ce, cet, cette,* or *ces.*

1. _____ homme est venu nous voir mardi.
2. J'ai déjà vu _____ enfants dimanche soir.
3. _____ hiver on va faire du ski en Autriche.
4. Nous sommes arrivés tard _____ matin-là.

6. Being even more demonstrative

Fill in the blanks with *celui, celle, ceux,* or *celles.*

1. Des deux maisons je préfère _____-ci.
2. Je prends quel parapluie? _____ qui est dans le coin.
3. _____-ci coûte plus cher que _____-là.
4. _____ qui sont arrivés tôt ont eu plus à manger.
5. Il me faut des lunettes de soleil, _____ que j'ai achetées l'année dernière sont cassées.

Reading Corner 📖

7. You are invited…

Isabelle received this invitation to a friend's birthday party before she left on vacation.

Choose the more suitable of the two words in parentheses.

Ma chère Isabelle

Comme tu le (connais/sais), le quinze juillet, c'est mon anniversaire. Je vous invite, toi et Georges à venir passer (le soir/la soirée) chez nous. On prendra l'apéritif vers (cinq/ sept) heures et demie.

J'espère que Marc et Annette Dupont seront là aussi. Tu les (connais/sais)?

Marc, c'est (celui/celle) qui travaille dans le même bureau que François. Annette est (coiffeur/coiffeuse). Elle tient le salon de coiffure de la grand' rue, (celui/celle) où il y a la (bibliothèque/librairie) où j'ai acheté la nouvelle (autobiographie/biographie) d'Edith Piaf.

En espérant vous voir bientôt.

Grosses bises.

Charlotte x

Write Here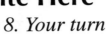

8. Your turn

Unfortunately, Isabelle's vacation dates conflicted with the date of the party.

Write Isabelle's reply regretfully refusing Charlotte's invitation.

Ma chère Charlotte,

Je suis vraiment désolée de ne pas pouvoir accepter ton invitation.

Isabelle x

Unit 18:

A busy morning

This unit is about a typical morning spent in town. You'll also practice different ways of asking questions.

Match Game

1. Daily needs

Match the items on Georges and Isabelle's list with where they might be found. The items might not be all that they seem! There are more places than there are items.

1. timbres ( )
2. flûte ( )
3. plats cuisinés ( )
4. religieuses ( )
5. avocats ( )
6. kiwis ( )

a. au jardin zoologique
b. chez le marchand de fruits
c. au tabac
d. à l'abbaye
e. à la charcuterie
f. chez le notaire
g. à la boulangerie
h. à la pâtisserie

Talking Point

2. Café society

Georges and Isabelle are taking a break from the morning's shopping to have a drink in the café. The words in each sentence are scrambled. Can you put them in order?

Le garçon de café: Messieurs vous Dames, désirez?

Isabelle: avez eau de s'il Une vous plaît. Vous l'eau non minérale gazeuse?

Le garçon de café: Bien voulez madame. Est-ce que vous des sûr et une tranche de glaçons citron?

Isabelle: Les je bien mais veux pas de citron glaçons.

Le garçon de café: Monsieur?

Georges: Vous du café avez décaféiné?

Le garçon de café: préférez Oui . Vous un express monsieur ou crème? un

Georges: crème mieux un s'il vous plaît J'aimerais.

Le garçon de café: Merci , Dames Messieurs.

Le garçon de café: --

Isabelle: --

Le garçon de café: --

Isabelle: --

Le garçon de café: _____

Georges: _____

Le garçon de café: _____

Georges: _____

Le garçon de café: _____

Word Power W

3. Are you being served?

In the letter square, find the French equivalents of the expressions in the box. Words or phrases are always in straight lines and can go in any direction.

You may use letters more than once but you don't have to use them all.

anything else?   bargain
cheap   check out
choose   decide
department   discount
exchange   free
gift wrapping   order
line (queue)   receipt
sell   spend   wait
weigh

```
P A Q U E T C A D E A U H
J L M B O N M A R C H E R
N O I T C U D E R D U T E
A T T E N D R E E E C A N
H Y R E C U N C U O M V N
R E H F D H I Q M T T E O
E R D V S D A M L L I C I
Y I F R E L A N L L U C T
A A R R E N O I G P T A C
S F D R D Y D E E E A I E
S F I E A A A R A S R S L
E A R R T E A R E E G S E
F C D E P E N S E R E E S
```

Language Focus ⊕

4. What, when, where, who, why?

Write the following questions in French.

1. When did the store close? _____

2. What did they sell? _____

3. Who bought this one? _____

4. Why did you buy this? _____

5. Where did I put my purse? _____

72

5. U-turn

Rewrite the following questions, using the inverted-verb construction.

Example: Est-ce qu'il a acheté de l'essence? *A-t-il acheté de l'essence?*

1. Qu'est-ce que tu as acheté à la poste?

2. Il s'est garé au parking couvert?

3. Est-ce que nous avons besoin de pièces pour les caddies au supermarché?

4. Est-ce que le syndicat d'initiative est toujours ouvert?

5. Il y a une fête aujourd'hui?

Reading Corner 📖

6. Small ads

Look at these advertisements for stores and establishments below, then answer the questions which follow.

PÂTISSERIE

Confiserie Glacier
Parfums variés

Propriétaires:
Henri Fournier et
Jacques Ménager

Place du Général de Gaulle
Fermé le samedi
après-midi et le lundi

CAFÉ DE LA FONTAINE

Place de l'Hôtel de Ville
Propriétaire M. Patrou
Fermé le lundi
Climatisation

Carte bleue   visa

GARAGE DU CARREFOUR

Propriétaires Leclerc Père et Fils
Essence - Butagaz
Libre Service

Carte bleue   visa   Eurocard

BOULANGERIE

Pâtisserie
Confiserie

Chocolats
maison

23 rue Henri IV

Congé annuel
du 2 au 31 août

1. What is special about the chocolate sold at 23 rue Henri IV?

2. Which of these places could you go to on Saturday, August 21st, at 3 p.m.?

3. Which establishment is a family firm?

4. Whose businesses would you go to on a hot day?

----

5. Would you choose this garage if you were on your way to a wedding wearing a pale-colored suit? Why? Why not?

Write Here ✎

7. Your turn

Isabelle has taken the car to the service station to fill it up. Below, we see her part of the conversation. Can you fill in what the service station owner might have said?

Le garagiste: _____

Isabelle: Bonjour, monsieur.

Le garagiste: _____

Isabelle: Le plein, s'il vous plaît.

Le garagiste: _____

Isabelle: Sans plomb, s'il vous plaît.

Le garagiste: _____

Isabelle: L'eau, ça va. Vous pouvez vérifier l'huile s'il vous plaît?

Le garagiste: _____

Isabelle: Oui, nous passons deux semaines chez M. Lemière. Il loue des gîtes ruraux à côté de sa ferme.

Le garagiste: _____

Isabelle: 220 francs. Voilà 300 francs.

Le garagiste: _____

Isabelle: Merci, monsieur. Au revoir.

Unit 19:

Wine trail

This unit is about wine and vineyards. You'll also practice using the passive voice.

Match Game

1. Wine list

Match the names of these drinks with their descriptions.

1. champagne	( )	a. eau-de-vie célèbre
2. cidre	( )	b. boisson blonde ou brune
3. bière	( )	c. vin naturellement mousseux (de la région de Reims)
4. cognac	( )	d. jus de pomme fermenté
5. vin de Xérès	( )	e. vin espagnol

Talking Point

2. La route du vin

Georges and Isabelle are joined by Didier and Sylvie on a tour of the vineyards.

Le vigneron: Messieurs Dames.

Isabelle: Vous faites des dégustations de vin aujourd'hui, monsieur?

Le vigneron: Bien sûr, madame. Vous voulez aussi voir les caves ?

Isabelle: Moi, je veux bien.

Didier: Votre vin est produit à partir de quel cépage?

Le vigneron: Le vin de Chinon ne vient que d'un seul cépage: le cabernet-franc.

Georges: Je sais que le vin de Chinon est un vin d'appellation contrôlée. Alors tous les vins qui s'appellent Chinon viennent de la ville elle-même?

Le vigneron: Oui et non. Vous trouvez des vins de Chinon dans dix-neuf villages des alentours de la ville de Chinon.

Sylvie: Quelle est la récolte annuelle?

Le vigneron: Il y a entre soixante et cent mille hectolitres par an à Chinon et ses environs, c'est-à-dire cinquante hectolitres ou quatre cent quarante 'gallons' britanniques par hectare.

Isabelle: Je sais que les vins rouges de Chinon sont très célèbres; mais vous produisez aussi un vin blanc, n'est-ce pas?

Le vigneron: Oui madame. Il est assez rare, mais superbe comme vin. Il y a aussi un vin rosé qui est également excellent. On conseille de déguster nos vins rouges avec les viandes, le gibier, la volaille et aussi les fromages légers.

Two out of three of the statements in each group are true. One is false. Pick out the false one.

1. a. The four go to a wine tasting.
   b. They visit the vines.
   c. They go down to the wine cellar.

2. a. Red wine from Chinon comes from only one grape variety.
   b. Wine called Chinon is from Chinon itself and surrounding villages.
   c. Only wine from the town itself can be called *appellation contrôlée*.

3. a. Their rosé wine is very good.
   b. The white wine is not very common.
   c. Only red wine can be called Chinon.

4. a. You would be advised not to have Chinon with Roquefort cheese.
   b. Red Chinon would be good with pheasant.
   c. You wouldn't have Chinon with turkey.

Word Power W

3. Wine taster

Solve the French clues and write your answers on the grid. The shaded column reading down will spell out of one of France's most famous beverages.

1. Boisson spiritueuse (6)
2. Boisson écossaise (6)
3. Mélange de boissons (8)
4. Gazeux (8)
5. Boisson prise avant
   le repas (8)
6. Vin, ni rouge ni rosé (5)
7. Très froid (5)
8. Où on cultive les raisins (8)
9. La bière, mais pas en bouteilles (8)

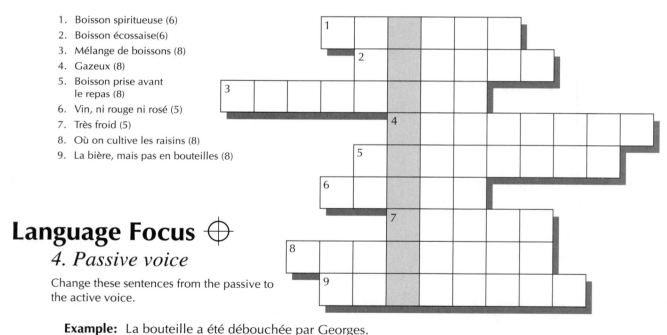

Language Focus ⊕

4. Passive voice

Change these sentences from the passive to the active voice.

Example: La bouteille a été débouchée par Georges.

Georges a débouché la bouteille.

1. Les billets pour la dégustation ont été vendus par le marchand de vin.

76

2. Le raisin est cueilli par les vignerons.

\- -

3. Le vin est mis en bouteille par les fils du vigneron.

\- -

4. Le champagne a été commandé par le monsieur qui est assis dans un coin du restaurant.

\- -

5. Ce vin est bu par beaucoup de Français.

\- -

Reading Corner

5. Wine quota

Read the clues and write your answers in the upper grid. When you finish, take the letters in the key-coded squares and write them in the lower grid. This will reveal a famous statement about wine.

1. Un monsieur qui vient de la ville qui est la capitale de l'Autriche.
2. Le contraire de la vieillesse.
3. Le trottoir longeant un café où on installe les tables.
4. Vous en avez besoin si vous avez de mauvais yeux ou peut-être s'il fait du soleil.
5. Sport pratiqué en piscine.
6. Elles éclairent et signalent les villes.
7. Quelqu'un qui vient du pays du Soleil levant.
8. Vêtement porté par les agents de police, les infirmières, les militaires.
9. Jour de Vénus, cinquiéme jour de la semaine.
10. Pas intéressant, monotone.

	A	B	C	D	E	F	G	H
1								
2								
3								
4								
5								
6								
7								
8								
9								
10								

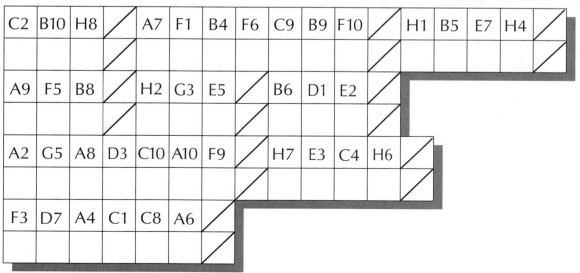

Write Here ✎

6. *Your turn*

Some vineyards have experts who guide you around the vineyard; others give you a written brochure about the wine-making process. Here is an excerpt from one such brochure.

How might the personal commentary of the *vigneron* have gone?

Les vignerons de la région vous souhaitent la bienvenue. Pour mieux connaître leur vin, ils vous proposent une agréable promenade dans leurs vignobles. Ils vous suggèrent d'aller voir leurs lieux de production. Il y a deux cents viticulteurs. Leurs vignes sont exposées sur différents terroirs. Certains d'entre eux élèvent leurs vins en fûts de chêne pour l'affiner. Ils vous conseillent de consommer leurs vins avec modération. L'abus d'alcool est dangereux pour la santé.

Example: *Nous vous souhaitons la bienvenue...*

Unit 20:

Bon voyage

This unit is about travel. You'll also practice using prepositions.

Match Game

1. Travel problems

Match the answers to the questions.

1. Où est-ce qu'on peut s'asseoir?	( ) a. Oui vous avez correspondance pour Bordeaux.
2. On arrivera à quelle heure?	( ) b. Il y a un parking juste en face du pont.
3. Est-ce que je dois changer d'avion?	( ) c. L'atterrissage est prévu pour 15h20.
4. Où est-ce que je peux me garer?	( ) d. La traversée a été annulée à cause du mauvais temps.
5. Je pars de quel quai?	( ) e. Il y a des sièges sur le pont supérieur.
6. Pourquoi y a-t-il du retard?	( ) f. Numéro deux, madame.

Talking Point

2. Travel program

Georges and Isabelle are watching a travel program on TV.

Isabelle: Si on prenait le Tunnel sous la Manche pour aller en Angleterre?

Georges: Pourquoi?

Isabelle: On dit qu'il ne faut que trente-cinq minutes pour traverser la Manche à bord du Shuttle.

Georges: La gare d'embarquement ne va pas être facile à atteindre.

Isabelle: Si, le Shuttle part de Coquelles près de Calai, puis on arrive tout près de Folkestone.

Georges: Il n'y a pas d'autoroutes dans le Kent.

Isabelle: Si, il y a la M20. C'est une autoroute qui va presque jusqu'à Londres.

Georges: Quelle est la différence entre Le Shuttle et Eurostar? Ce n'est pas la même chose?

Isabelle: Le Shuttle, c'est pour les voitures, les cars, les motocyclettes. Eurostar est pour les passagers à pied. On prend le T.G.V. à Paris ou bien à Bruxelles, et puis on arrive à Waterloo au cœur de Londres.

Georges: Je ne sais pas.

Isabelle: Moi, je veux essayer. Et tu sais, Georges, si on prend Le Shuttle au lieu du ferry tu n'auras pas le mal de mer!

Correct the following statements, using the information in the conversation.

1. Si on voyage en voiture, on prend Eurostar.

   ----

2. En rentrant en France après une visite en Angleterre, on arrive près de Dieppe.

   ----

3. Il n'y a pas d'autoroute pratique en Angleterre.

   ----

4. La gare de Waterloo est en Belgique.

   ----

5. Le train de Paris à Coquelles est un train de banlieue.

Word Power ✈

3. Odd one out

Which word in each group doesn't fit?

1. le ticket, le billet, la couchette, la voiture-buffet

2. le quai, les docks, les rails, la voie

3. le wagon-lit, la couchette, le buffet, la cabine

4. Travel teaser

Four people used four different types of transportation. Can you identify the four people a, b, c and d, and say how each one travelled to their destination?

Geneviève a pris le bateau

Je ne m'appelle pas Kevin

a. --

----

b. --

Ce n'était pas un monsieur qui a pris la voiture

c. _____

_____

Ni David ni Louise n'a pris le train

d. _____

_____

Language Focus ⊕

5. The right position

Choose the correct preposition from the box to describe each picture, adding *le, la, es, du, de la,* or *des* as necessary.

| en haut | en bas | devant | à côté | derrière |
| entre | au-delà | derrière | en bas | en face |

1. L'église est _____ colline.
2. La femme est _____ guichet.
3. La fille est _____ garçons
4. L'horloge est _____ bouquet de fleurs.
5. La pharmacie est _____ boulangerie.

Reading Corner 📖

6. Metro muddle

Here's a conversation in a metro station. It's scrambled. Can you put it in order?

Prenez la direction Nation.
Oui monsieur, juste deux tickets, ou bien un carnet?
Pour le Champ de Mars, c'est quelle direction?
Je vous remercie.
Un carnet, s'il vous plaît.
Je vous en prie.
Je voudrais des tickets, s'il vous plaît.

Write Here ✏️

7. Your turn

Christine is planning a trip to England, and she is discussing the pros and cons of the various methods of travel with Sophie. Use the notes opposite to complete the conversation.

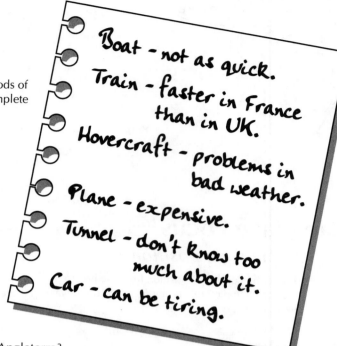

Boat - not as quick.
Train - faster in France than in UK.
Hovercraft - problems in bad weather.
Plane - expensive.
Tunnel - don't know too much about it.
Car - can be tiring.

Sophie: Tu prends le bateau pour aller en Angleterre?

Christine: _____

_____

Sophie: Tu préfères l'avion?

Christine: _____

_____

Sophie: L'aéroglisseur est assez rapide.

Christine: _____

_____

Sophie: Et si tu prenais le train?

Christine: _____

_____

Sophie: Ou la voiture?

Christine: _____

_____

Sophie: Mais il y a le Tunnel!

Christine: _____

_____

Sophie: Et si tu restais chez toi?

Christine: _____

_____

Unit 21:
Have a great vacation!

This unit is about vacations in general. You'll also practice using conjunctions.

Match Game

1. Leisure guide

Match the descriptions of the leisure activities to the symbols. There are more descriptions than there are symbols.

a. plan d'eau
b. montgolfière
c. randonnée pédestre
d. parapente
e. piscine couverte
f. baignade
g. vélos à louer
h. patinoire
i. escalade

Talking Point

2. Almost over!

Georges and Isabelle are having a barbecue towards the end of their vacation and have asked Sylvie and Didier to join them. Certain expressions have been omitted and placed in the box. Can you put them back in their correct places in the conversation?

Isabelle: Nous sommes ici _ _ _ _ _ _ _ _ _ _ presque quinze jours déjà. Pas croyable! Nous nous sommes bien amusés.

Georges: _ _ _ _ _ _ _ _ _ _ je n'ai pas toujours été en bonne santé.

Isabelle: Tu n'as pas été malade, _ _ _ _ _ _ _ _ _ _ pendant deux ou trois jours.

Georges: _ _ _ _ _ _ _ _ _ _ j'ai été malade pendant vingt pour cent de mes vacances.

Isabelle: Encore un peu de vin, Didier?

Didier: Volontiers.

> aussi
> depuis
> lorsque
> même si
> par conséquent
> sans
> sauf
> tandis que

Isabelle:	On commencera à manger _ _ _ _ _ _ _ _ Sylvie arrivera. On ne peut pas manger _ _ _ _ _ _ _ _ elle.
Didier:	Elle est toujours en retard _ _ _ _ _ _ _ _ moi j'aime mieux arriver en avance.
Georges:	Moi _ _ _ _ _ _ _ _ . Nous sommes pareils tous les deux.
Didier:	Je n'irais pas jusque là.
Isabelle:	Ah! te voilà, Sylvie. Bonsoir!

Word Power

3. Refit

Find the French equivalent of these words associated with vacation accommodations and facilities.

You're given a one word start and the length of the French answer.

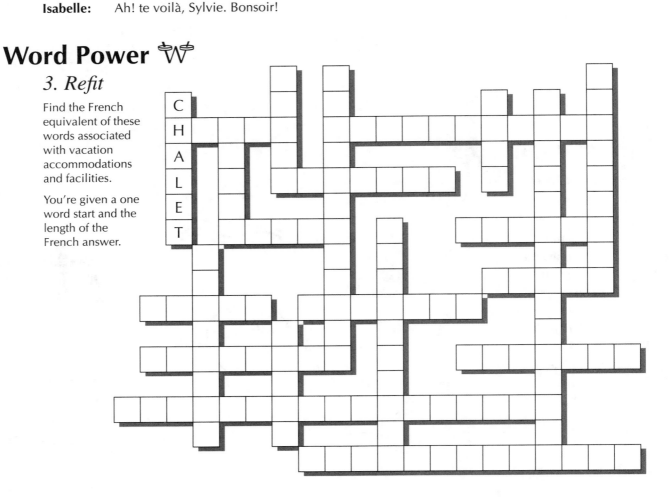

4 letters
Receipt

5 letters
Exclusive (2.3)
Farm
Hotel
Local
To pay
Villa
Price

6 letters
Chalet
Stay

7 letters
Campsite
Included
Inn

8 letters
Trailer (caravan)
To reserve

9 letters
Country cottage (4.5)

10 letters
Extra charge

11 letters
Apartment

12 letters
Bed and breakfast (7.1.4)

13 letters
Credit card (5.2.6)

15 letters
Full board (7.8)

17 letters
Youth hostel (7.2.8)

Language Focus ⊕

4. If you only knew...

Write the following sentences in French, using the conjunctions in parentheses, which all take the subjunctive.

Example: We are pitching the tent there so that it is in the shade. (afin que)

Nous dressons la tente là-bas afin qu'elle soit à l'ombre.

1. They have another tent so that the children can go with them. (pour que)

2. We go camping although I prefer hotels. (bien que)

3. She never goes camping although she knows it is less expensive. (quoique)

4. I shall wait until he arrives. (jusqu'à ce que)

5. I shall stay here unless it is sunny. (à moins que)

Reading Corner 📖

5. Guide des gîtes

Read this entry in the *Guide des gîtes*, and then decide if the statements below are true or false.

1. Il y a des meubles de jardin.   *True/False*

2. Il n'y a pas de douche au rez-de-chaussé.   *True/False*

3. Il y a six lits.   *True/False*

4. C'est une maison jumelée.   *True/False*

5. La maison est située en pleine campagne. *True/False*

La Charmette

Maison indépendante avec cour fermée. Terrasse. Garage. Rez-de-chaussée: séjour/cuisine avec cheminée à insert et canapé-lit. Lave-linge. Salle d'eau, w.c.

À l'étage: 4 chambres (2 lits 2 pers. 4 lits 1 pers.) Salle de bains avec douche, w.c. Salon de jardin. Commerces à 7 km. 1500 francs/ semaine, charges non comprises. Monsieur et Madame Jourdain seront heureux de vous accueillir dans un gîte agréable et très confortable situé dans un charmant hameau.

Write Here ✎

6. Your turn

This *gîte* and the previous one have been offered to Monsieur and Madame Fernand, who are planning a vacation with their four children under the age of 10. They are also taking Monsieur Fernand's mother, who uses a wheelchair.

Recommend the *gîte* that you think would be more suitable for them and explain why – in French, of course!

La chaumière

Rez-de-chaussée: Grand séjour/salle à manger avec coin-cuisine comprenant four micro-ondes, réfrigérateur et lave-vaisselle. Lave-linge dans la buanderie. Chambre (1 lit 1personne). Salle d'eau. W.C. Etage: 3 chambres (1 lit 2 personnes 2 fois 2 lits superposés). Salle de bains. W.C. Jardin. Aire de jeux. Commerces sur place.

Je vous recommande...

Unit 22:

The world of work

This unit is about jobs, professions, and work conditions. You'll practice the future tense again, and also the future perfect, especially after certain time words.

Match Game

1. In the workplace

Match the name of the job with the place where the work is done. There are more places given than jobs.

1. un pompiste _____

2. un metteur en scène _____

3. un speaker _____

4. un menuisier _____

5. un commerçant _____

6. une sage-femme _____

7. un prêtre _____

8. un douanier _____

a. un atelier

b. un théâtre

c. une église

d. une station-service

e. un studio de télévision

f. la caserne des pompiers

g. une maternité

h. un magasin

i. un aéroport

Talking Point

2. Back to the future

Georges and Isabelle are discussing with Didier and Sylvie their plans for the future and what kind of work they do.

Isabelle: Lundi je serai de nouveau au bureau.

Georges: Ma secrétaire particulière n'aura pas pu résoudre tous les problèmes, j'en suis sûr.

Isabelle: Que fais-tu dans la vie, Didier?

Didier: Je suis professeur d'études commerciales dans un IUT.

Georges: Je pense qu'il faut avoir travaillé dans un bureau pour bien comprendre les affaires.

Isabelle: Et toi, Sylvie?

Sylvie: Je suis dessinatrice dans une maison d'édition.

Isabelle: Ça doit être très intéressant n'est-ce pas?

Sylvie: Oui, j'ai vraiment beaucoup de satisfactions dans mon travail.

Isabelle: Moi, je travaille dans la même banque que Georges.

Georges: Mais moi, je suis directeur de département. Isabelle est audiotypiste.

Five different professions are mentioned in the conversation. Write down the English for each one.

1. _____
2. _____
3. _____
4. _____
5. _____

Word Power 〰️

3. Crossword

Find the answers to the clues, that relate to jobs and business.

Across

2. Advertising (9)
5. Machining (7)
7. Merchant (tradesman) (8)
11. Theater critic (8)
13. Invested (7)
15. Antistrike (9)

Down

1. Taken up, taken charge of (6)
2. Priest (6)
3. Butcher (7)
4. *Trésorier-payeur général* (abbreviation) (1.1.1)
6. *Etats-Unis* (abbreviation) (1.1)
8. Notary (public) (7)
9. Team (6)
10. Manager (6)
12. *Zone industrielle* (abbreviation) (1.1)
14. Say this if you refuse an order! (3)

Language Focus ⊕

4. The future – simple and perfect

Fill in the correct form of the verb in the following sentences.

1. Quand tu le _____ (voir), tu _____ (devoir) lui donner ce cadeau.
2. Lorsqu'il _____ (arriver), est-ce que tu lui _____ (montrer) sa chambre?

3. Dès qu'il _____ (terminer) son travail, vous _____ (pouvoir) lui dire de venir me voir?

4. Je lui _____ (téléphoner) quand j'_____ (finir) cette lettre.

5. Je _____ (venir) te chercher aussitôt que j'_____ (démarrer) la voiture.

Reading Corner 📖

5. A job opening

Read this job advertisement, then answer the questions below.

Emplois de la semaine

Recrutement

Nous sommes à la recherche de personnel de vente. Expérience souhaitée mais pas indispensable.

Les candidats seront de préférence âgés de 25 à 45 ans et devront être capables de travailler en équipe.

La date limite de dépôt des candidatures est le vendredi douze janvier.

Veuillez envoyer une lettre de candidature et votre curriculum vitae à

Annette Dumesnil,
Nouveaux Commerces,
Rue des Rillettes,
72100 Le Mans.

T.T.C.I.

Candidats seront de rence âgés de 25 ans et devront tre capables vailler en équipe. Vous la recherche de person vente. Expérience sou mais pas indispensab vront tre capables de ler en équipe. Vous les la deherche de nel de vente. Expé

Deherche de pe vente. Expérien mais pas indisp vront tre

1. Si vous étiez choisi, que feriez-vous comme travail?

    _____

2. Travailleriez-vous seul?

    _____

3. Faut-il avoir de l'expérience?

    _____

4. Qu'est-ce que vous devrez envoyer à Madame Dumesnil?

    _____

5. Si vous aviez vingt-deux ans pourriez-vous poser votre candidature?

    _____

Write Here

6. Your turn

Write the main body of the letter you might send in reply to the job advertisement. You don't need to write the general introduction or conclusion. Use the phrases in the box to help you.

en réponse

votre annonce

poser ma candidature

expérience

âge

qualifications

je serai disponible

je vous prie de trouver ci-joint

Unit 23:
Back to work

This unit is about business and technology. You'll do some more work on relative pronouns and write your own résumé.

Match Game
1. Computer language

Match the French computer terms with their English equivalents

1. le bogue	( )	a.	computer
2. la marguerite	( )	b.	spreadsheet
3. le logiciel	( )	c.	bug
4. le tableur	( )	d.	chip
5. l'ordinateur	( )	e.	flow chart
6. la puce	( )	f.	daisy wheel
7. la banque de données	( )	g.	databank
8. l'organigramme	( )	h.	software

Talking Point
2. Good to be back!

Isabelle is back at work and is discussing her vacation with a friend over the phone. We only hear her half of the conversation. Can you figure out the questions Isabelle is being asked?

1. _____

Isabelle: Oui, c'était formidable, ces vacances.

2. _____

Isabelle: Nous sommes arrivés à l'appartement vers sept heures hier soir.

3. _____

Isabelle: Non, nous sommes sortis dîner.

4. _____

Isabelle: Oui, il y avait deux personnes, Didier et Sylvie, qui passaient leurs vacances dans le gîte voisin.

5. _____

Isabelle: Georges? Oh, comme-ci comme-ça.

6. _____

Isabelle: Déjeuner? Aujourdhui? Oh, je veux bien.

7. _____

Isabelle: Midi, devant la poste, d'accord. A bientôt.

Word Power W

3. The wrong key

There's a message for you on this electronic organizer. Unfortunately, the person who keyed it in did the job very badly and only pressed the keys on the top row – all numbers. The letters he wanted were on one of the three rows directly below the number used. When a 1 appears he meant to press either Q, A, or Z. Can you figure out your message? The first word is in place.

_____

_____

_____

_____

_____

_____

_____

Language Focus ⊕

4. Relatively speaking

Choose the correct relative pronoun from the box to complete these sentences.

1. Le restaurant devant _____ nous avons rendez-vous est en face de la poste.
2. La banque pour _____ Georges travaille est à Paris.
3. Les amis avec _____ j'ai passé mes vacances habitent à Lille.
4. Ce sont des questions _____ je ne peux pas répondre en ce moment.
5. Voilà la voiture à côté _____ je me suis garé l'autre jour.
6. La carte postale _____ je te parlais est arrivée chez maman ce matin.
7. La lettre _____ j'ai écrite à Sylvie est sur la table.
8. Le café près _____ Isabelle va rencontrer un ami se trouve juste à côté du pont.

dont

auxquelles

de laquelle

duquel

laquelle

lequel

que

qui

Reading Corner 📖

5. Memo

When Georges gets back from vacation, he finds this memo on his desk.
He immediately phones Isabelle to tell her about it.
How would he relay the news to her?

NOTE DE SERVICE

A. Georges Dumas
Du PDG
12. 3. 1996

Je suis en voyage d'affaires jusqu'au premier
août, mais à mon retour je voudrais vous parler
du développement des ressources humaines. La banque
augmente actuellement ses effectifs et j'ai des
postes vacants dans plusieurs régions de la France.
J'espère aussi développer nos relations avec les
autres pays européens, ainsi qu'avec les Etats-
Unis. Vous recevrez probablement une augmentation
de salaire. De plus, j'envisage de réévaluer les
frais de représentation de tous mes directeurs. Ma
secrétaire particulière vous contactera dès que je
serai rentré.

Example: J'ai une note du PDG sur mon bureau.

Write Here

6. Your turn

Write your own résumé,
using the format below.

Curriculum Vitae

Nom, prénom: _____

Adresse: _____

_____

_____

Téléphone: _____

Date de naissance: _____

Lieu de naissance: _____

Situation de famille: _____

Nationalité: _____

Langues pratiquées: _____

Formation: _____

_____

_____

Expérience professionnelle: _____

_____

_____

_____

Autres renseignements: _____

_____

_____

Unit 24:

Review

This unit gives you a chance to review areas of vocabulary, grammar, and French culture.

1. Food for thought

Using the information given by the people and using logical deduction, figure out the names of the four people who have gone out for dinner and what each is eating.

Sophie aime la bouillabaisse mais Allain ne l'aime pas du tout

Un des monsieurs a choisi le boeuf bourgignon

J'adore les quenelles. Je ne m'appelle pas Robert

2. _ _ _ _ _ _ _ _

Jeanne a pris les coquilles St Jacques

1. _ _ _ _ _ _ _ _

3. _ _ _ _ _ _ _ _

4. _ _ _ _ _ _ _ _

2. Giant crossword

Write the solutions in French in the grid.
Adjectives are masculine singular unless we
say otherwise. The number of letters in the
word or words is given at the end of the clue.

Across

1. Vivre sous la tente (6)
4. membres inférieurs (6)
8. Ville située sur la Loire,
   à 394 km au sud-ouest
   de Paris (6)
9. Pronom relatif
   composé (6)
11. Placé, mis (4)
12. Quelques, certains (3)
13. Air en mouvement (4)
16. Joint (3)
17. Oeuvre musicale (5)
18. Copain (3)
19. 33,33% (5)
22. Société religieuse (5)
25. Pris (7)
26. Lits (6)
28. Sens qui permet
    laperception des
    odeurs (6)
29. Cathédrale de Paris
    (5.4)

32. Résidé (6)
33. Percevoir (6)
35. Plat italien (7)
38. Animal domestique (5)
40. Instrument de musique
    que l'on trouve dans
    une église (5)
43. Pied de vigne (3)
44. Ecolier, disciple (5)
45. Arme ancienne (3)
46. Ochre, or red
    iron, *Fr.* (4)
47. Vient entre le printemps
    et l'automne (3)
48. Pronom interrogatif (4)
51. Inept, *Fr.* (6)
52. "Qu'elle était verte ma
    _ _ _ _ _ _ _ _ _ _ " (6)
53. Roasted *Fr.* (f, pl) (6)
54. Sans détour (6)

Down

1. Sofa qu'on peut
   transformer pour
   dormir (6.3)
2. Où habitent les
   moines (9)
3. Arme ancienne (4)
5. Accompagné de (4)
6. Sorte d'avenue (9)
7. Seul (9)
10. Dernier mois de
    l'année (7)
14. Pain grillé (5)
15. La plus rapide des
    allures du cheval (5)
20. Esquimau (5)
21. Plat niçois fait de
    tomates, courgettes,
    aubergines etc. (11)
23. Conseiller (11)

24. Petit déjeuner,
    dîner etc (5)
27. Très rapproché (5)
28. Four micro-
    _ _ _ _ _ _ _ _ _ _ (5)
30. Partie de football (5)
31. Oiseau de nuit (5)
34. Pain de 250
    grammes (8)
36. Douze mois (5)
37. Ecrire (5)
38. Cocoa plant *Fr.* (9)
39. Qui a des défauts (9)
41. Progressive (f) (9)
42. Superbe, magnifique (9)
49. To be *Fr.* (4)
50. Voiture de location (4)

Answer Key:

Unit 1

1. 1e 2f 3a 4b 5c 6d

   Salut is an informal greeting and *Allô* is used only when answering the phone. *Messieurs Dames* is a polite greeting sometimes addressed to a couple or to no one in particular when entering a room, restaurant etc. *Madame, Monsieur* and *Mesdames et Messieurs* both sound more formal.

2. moi, me, m', On, Nous, nos, votre, vous, notre, Ma, lui, eux

   A broad mix of pronouns and possessive adjectives is used here. For further work on specific types of pronouns, see units later in the book, particularly 8, 9, 11, 17, and 23. There is also more explanation in the Grammar section.

3. je t'invite, santé, félicitations, tiens, salut, dites donc, en effet, jamais, pas de quoi, bien sûr, je vous en prie, vraiment, monsieur, et alors, chut, merci, ça va, pouah

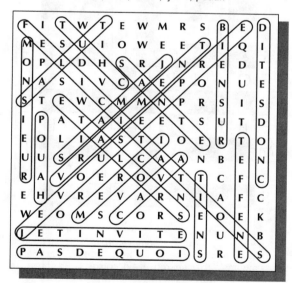

4. 1. Silence, dit-il furieusement.
   2. J'adore la France, dit-elle passionnément.
   3. Je suis vraiment désolée, dit-elle doucement.
   4. J'espère que vous irez bientôt mieux, dit-elle gentiment.
   5. Je ne sais pas quoi faire, dit-il tristement.

   The general rule for adverbs is to add *-ment* to the feminine singular form of the adjective. As usual in a foreign language,

there are always exceptions! See some of the most common ones in the Grammar section.

5. Non, ils sont dans un gîte. Si, le propriétaire les a accueillis. Je ne crois pas, il y a aussi un barbecue. Mais non, Georges a pris une douche, puis ils sont sortis dîner. Ils vont louer des bicyclettes.

6. Here's our suggestion:

   Le gîte se situe dans un charmant petit hameau. Nous avons une chambre/studio avec salle de bains. Derrière le gîte il y a une terrasse couverte. Le centre-ville se trouve à un kilomètre de la maison. Demain on va faire un tour de la région. Je vais peut-être apprendre à monter à cheval. Sinon, on louera des vélos pour découvrir un peu les environs.

   The idea of Write Here is for you to have a freer rein and the opportunity to develop your creative expertise. Often there is no single correct answer. Your answer could be just as good as ours – or even better!

Unit 2

1. 1c 2h 3d 4a 5b

   A *car* is a single-decker bus or coach, not an automobile. A *demi-tour* is not an excursion cut short but a U-turn. *Faire du stop* means to hitchhike.

2. 1b 2a 3a 4a 5b

   There are a few adjectives in French whose meaning changes like this depending on their position. A more comprehensive list is to be found in the Grammar section. Some are given for you to practice in exercise 5 of this unit.

3.

4. 1e 2k 3i 4j 5h 6f 7g 8a 9c 10b

5. intéressante, magnifiques, jolis paysages, bref, imposants, forestière, grande, véritable, connu, préféré

6. A possible answer:
J'ai trouvé le paysage bien tranquille. Nous avons marché jusqu'au sommet d'une colline d'où on pouvait voir les champs, les terres cultivées etc. La vallée est vraiment belle. J'aime surtout les petits ruisseaux qui longent les routes de campagne.

Unit 3

1. 1e 2b 3a 4d 5c

You may be able to do this unit without the help of the descriptions of the areas if you're an experienced gourmet, but there ARE clues. Think about what ingredients the dishes are made from, and where these grow.

2. 1. false 2. false 3. true 4. false 5. true 6. false

3. 1. courge – marrow 2. maïs – sweetcorn 3. groseille – red currant 4. céleri – celery 5. figue – fig 6. artichaut – artichoke 7. myrtille – blueberry 8. cresson – watercress 9. épinards – spinach 10. marron – chestnut 11. citrouille – pumpkin 12. navet – turnip 13. mûre – blackberry 14. oignon – onion 15. poivron – sweet pepper 16. pamplemousse – grapefruit 17. panais – parsnip 18. grenade – pomegranate 19. pruneau – prune
OMELETTE NORVEGIENNE – Baked Alaska

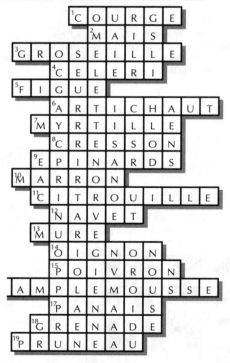

4. 1. Elle va l'accueillir chez elle.
2. Il va mourir s'il n'arrête pas de fumer.
3. Ils vont bien entretenir la propriété.
4. Cela va te faire du bien.
5. Nous allons nous asseoir par terre.
6. Vous allez bientôt savoir les résultats.
7. Il va avoir sa nouvelle voiture.
8. Je vais voir mes parents la semaine prochaine.

9. Cette année, ils vont visiter l'Italie.
10. On va devoir partir à minuit au plus tard.

There is further work on the future tense in units 16 and 22. A brief summary of its construction and use can be found in the Grammar section.

5. 1. Julienne de légumes – a velouté is a creamy soup. Fromage de tête has nothing to do with cheese – it's a kind of brawn or terrine made from a pig's head! 2. Assiette de fruits de mer 3. Thon grillé 4. Cassoulet 5. Omelette aux fines herbes 6. Brochettes/thon 7. Poulet rôti à l'ail 8. Poire Belle-Hélène 9. No 10. Vanille, pistache

6. A possible answer:
Vous: Je voudrais un plat froid pour commencer – du fromage de tête, je crois.
Vous: Dans ce cas, une sole normande. C'est un de mes plats préférés quand il est bien fait.
Vous: Je crois qu'un sorbet citron suffira. Et oui, bien sûr je voudrais voir la liste de vins.
Vous: Oui, c'était excellent. Oui, apportez-moi l'addition maintenant s'il vous plaît.

Unit 4

1. 1d 2a 3b 4e 5c

2. avons, a, ai, eu, essayé, trouvé, fait, je n'ai, montée, je suis, je suis

Remember, there is sometimes participle agreement with *avoir* verbs if there is a preceding direct object. A participle ending in -e doesn't necessarily indicate an *être* verb. See the Grammar summary for further details.

3.

P		A	L	E	R	T	E	E	S	
A			U		A				A
S	K	I	E	R		P	E	I	N	T
S			O		E				H
E	Q	U	I	P	E		G	O	A	L
T			E		B				E
E	P	E	E		B	A	S	K	E	T
M			U		T				I
P	A	T	I	N		E	M	U	E	S
S			I		A				M
	R	E	L	E	G	U	E	E		E

4. 1. ai perdues 2. as vu 3. sommes arrivés 4. ont ouvert, avais mise 5. avaient reçus 6. avons visité 7. ai couru, ai pas rattrapé 8. ont retrouvé, a découverts 9. ai parlé, ai pas vue 10. avons lu, avons pas compris

See the notes following the answers for exercise 2 in this unit.

5.

lundi	mardi	mercredi	jeudi	vendredi	samedi	dimanche
		tennis	tennis	natation aérobic	haltérophilie	

6. A possible answer:

Oui, c'est dommage, mais il faut fermer la salle de gym lundi et mardi matin à cause des réductions financières. Le professeur de tennis ne peut plus travailler le week-end; alors il faut offrir le tennis mercredi et jeudi soirs. Peu de gens font de l'haltérophilie le dimanche, alors nous l'offrons maintenant le samedi seulement. Nous offrons lat nation deux fois seulement pour réduire les coûts de chauffage.

Unit 5

1. 1j 2i 3f 4g 5h

If you find numbers difficult, don't despair – many people do!

2. téléphonique un appel numéro l'appareil trompée l'annuaire liste rappelerai

3.

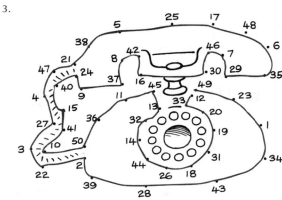

4. 1. Je ne vais jamais à la salle de gym samedi car je travaille toujours tard ce soir-là.
   2. Je ne sais pas où je vais aller en vacances cette année.
   3. Je viens d'arriver dans cette ville, je ne connais personne.
   4. Il a cherché partout mais il ne l'a trouvé nulle part.
   5. Elle allait souvent à la piscine mais elle n'y va plus.
   6. Ils n'ont ni amis ni famille dans la région.
   7. Il a cherché partout mais il n'a rien trouvé.
   8. Je ne l'ai vu qu'une fois, je ne le connais guère.

Negative expressions go on either side of the verb – remember the verb is the auxiliary verb in the perfect tense. The *ni...ni* construction (neither...nor) goes before the items it refers to, but also needs *ne* before the verb.

5. Allô. C'est bien le 22.35.78.67?
   Oui, c'est ça. Qui est à l'appareil?
   Legrand. Jean-Yves Legrand. Je voudrais parler à Madame Allard, s'il vous plaît.
   Excusez-moi. La ligne est mauvaise.
   Je répète. Je voudrais parler à Madame Allard. Je crois que

c'est le poste 32. 31.
Ne quittez pas, Monsieur. Je suis désolée, Monsieur. La ligne est occupée. Vous patientez?
Non, je ne pense pas. Je rappellerai plus tard. Au revoir.
Au revoir, Monsieur.

6. Here's our suggested answer. You may have some variations.
   Allô, oui?
   C'est de la part de qui?
   Un moment, s'il vous plaît. Je vous le passe.
   Monsieur Gérard est occupé en ce moment. Voulez-vous patienter ou peut-être rappeler un peu plus tard?
   Pas de problème…un moment. Le poste de M. Gérard est libre, maintenant. Je vous le passe.
   Yves, dites, je suis désolé. J'ai une réunion dans 2 minutes. Je peux vous rappeler dans une heure? C'est le 23.78.90.54., poste 65.31 n'est-ce pas?
   A tout à l'heure.

Unit 6

1. 1c 2d 3b 4f 5e 6a 7g

2. va, mal, sens, ne va, lève, vomi, indigestion, crois, appeler, médecin, ordonnance, piqûres

   Look at the words immediately outside the parentheses as well as those inside to give you extra clues as to which word to pick.

3. 1. opère – (I) operate   2. bleu – bruise   3. douleur – pain
   4. sang – blood   5. écœuré – queasy

4. 1. Elle a dit qu'elle ne se sentait pas bien.   2. Il a dit qu'il allait se faire opérer.   3. Elle a murmuré qu'elle était prise d'un vertige.   4. Georges a dit qu'il avait mal aux dents.
   5. L'enfant a crié qu'il ne prendrait pas le comprimé.   6. Elle a juré qu'elle s'évanouirait si elle voyait du sang.   7. Il a avoué qu'il n'avait jamais aimé les piqûres.   8. Il a dit qu'il leur avait demandé de lui envoyer une brochure.

   A word of warning with expressions ending with *que*: many are followed by the subjunctive. For more practice on this, see unit 21.

5.
Georges: Je vais un peu mieux.
Isabelle: Tu veux appeler le docteur?
Georges: Ce n'est pas nécessaire.
Isabelle: Il y a une pharmacie au village si tu as besoin de quelque chose.
Georges: J'espère sortir me promener demain.
Isabelle: Je t'accompagnerai.

6. Here's our answer. You may have explained things in a slightly different way:
   1. L'eau de Seltz est derrière les rasoirs.
   2. Les mouchoirs en papier sont au-dessus des brosses à cheveux.
   3. L'aspirine est à côté du paracétamol.
   4. Le dentifrice est entre le savon et les peignes.
   5. Le shampooing est à côté de la caisse.

Unit 7

1. 1. scarf 2. sneakers 3. striped gloves 4. cap 5. short sleeved blouse 6. baggy trousers 7. plain socks

2. 1. non 2. oui 3. non 4. non 5. non

3. 1. jupe robe 2. botte gilet 3. tricot bikini 4. chapeau sandale 5. manteau chemise

4. 1. blanchisserie   2. coiffeur   3. droguerie   4. poissonnerie
5. quincaillerie

5. 1. Les petits magasins sont plus agréables que les grandes surfaces.   2. Les supermarchés sont plus pratiques.
3. Les petits commerçants offrent un service plus personnalisé.   4. Le marché en plein air est moins cher que le magasin de fruits et de légumes.   5. La poste est aussi près que la banque.   6. La boucherie n'est pas aussi chère que la charcuterie.   7. La laverie automatique est aussi bien que le pressing.   8. C'est le grand magasin le plus cher de la ville.

The comparative is formed just by adding *plus* to the correct form of the adjective. The superlative by adding *le, la, les* and *plus*. Remember *bon* and *mauvais* are irregular – *meilleur* and *pire* respectively.

6. canapé – premier étage;   raquettes de tennis – sous-sol; stylos – rez-de-chaussée;   fours à micro-ondes – sous-sol; tondeuses – sous-sol;   cravates – sous-sol;   eau de toilette – rez-de-chaussée;   collants – rez-de-chaussée; brosses à cheveux – rez-de-chaussée;   ours en peluche – premier étage.

7. A possible answer:
Offre spéciale. Pour une semaine seulement. Super poudre à laver. Achetez deux produits et le troisième vous sera remis gratuitement. Ne tardez pas!

Unit 8

1. 1. en colère furieux   2. envieuse jalouse   3. soucieux inquiet   4. surpris stupéfait   5. ravi enchanté   6. heureux joyeux   7. triste malheureuse   8. satisfaite contente
Did you look out for gender as well as meaning?

2. 1b   2b   3a   4a   5b

3.

4. 1. qui   2. que   3. qui   4. dont   5. dont   6. qui   7. que
8. dont

In sentences like these, *dont* is often used instead of *de qui*. For further work on relative pronouns see Unit 23.

5.
Marie-Claire: Thérèse, c'est Marie-Claire, bonjour.
Thérèse: Marie-Claire! Comment ça va?
Marie-Claire: Très bien, merci. Mais mon pauvre Georges ne va pas bien du tout.
Thérèse: Il a eu une petite indigestion, n'est-ce pas?
Marie-Claire: C'est un peu plus grave, je pense. Le foie, tu sais…
Thérèse: Heureusement, Isabelle a pu sortir pendant une heure avec une amie. Elle est en vacances.
Marie-Claire: Elle passe tout son temps à faire des courses, je crois.
Thérèse: Elle est très consciencieuse.
Marie-Claire: Il faut bien prendre soin de Georges quand il est malade.
Thérèse: C'est ce que fait Isabelle.
Marie-Claire: C'est bien ce que je pensais. A bientôt, Thérèse.
Thérèse: Au revoir, Marie-Claire.

6. A possible answer:
Je suis souvent en colère. J'ai des sautes d'humeur. Je suis facilement gêné. Je m'intéresse à plusieurs choses. Je suis sociable. Je ne suis pas toujours heureux. Je ne suis pas étourdi. Je suis travailleur.

Unit 9

1. 1b   2c   3f   4d   5e   6a
Un vaisselier is a dresser, not to be confused with kitchen appliances for dishes.

2. 1a   2c   3c   4a   5c

3. 1. loger – loyer   2. local – loyal   3. salon – savon
4. pièce – pince   5. tapis – taxis

4. cave, vélo, logé, géré, réel

5. 1. ma   2. mon   3. ta   4. ses   5. notre   6. nos   7. son
If you remember these are possessive adjectives, you're less likely to fall into the trap of thinking that *son* means "his" and *sa* means "her." THEY DON'T! *Son* and *sa* can each mean "his" or "her." Possessive adjectives change depending on the gender of the word that follows. But in any case, *mon, ton* and *son* are *always* used before a vowel.

6. 1 André   2 Annette   3 Michelle   4 Pierre   5 Marc
6 Francine

7. 1. La lampe n'est plus sur la table – elle est devant la bibliothèque.
2. Maintenant le coussin est sur la banquette.
3. Le fauteuil est devant le piano.
4. Le vase est derrière la corbeille de fruits.
5. Le livre est sur la table basse.
6. La photo est sur le piano.
7. Le tapis est devant la cheminée.
8. Le cendrier est sous le fauteuil.

Unit 10

1. 1c   2e   3d   4b   5f   6a

2.
Sylvie: Si on <u>allait</u> au cinéma? Il y <u>a</u> un film de science-fiction au ciné-club en ville.
Georges: Je ne <u>sais</u> pas. La science-fiction, ce n'<u>est</u> pas mon genre de film.
Sylvie: Ou autre chose peut-être. Film de guerre, comédie, dessins animés?
Isabelle: J'<u>aimerais</u> bien <u>aller</u> <u>voir</u> une comédie. Je <u>voudrais</u> bien <u>rire</u> un peu!
Didier: Si on <u>partait</u> vite, on <u>pourrait</u> <u>aller</u> <u>manger</u> d'abord.
Georges: Je ne <u>peux</u> pas trop <u>manger</u> surtout si on <u>va</u> <u>voir</u> un film d'horreur. Je <u>risquerais</u> de <u>retomber</u> malade.
Sylvie: On ne <u>va</u> pas <u>aller</u> <u>voir</u> un film d'horreur. Moi, je <u>préférerais</u> une comédie, comme Isabelle.
Georges: Il y <u>a</u> parfois un documentaire avant le long métrage.
Isabelle: Je <u>vais</u> <u>chercher</u> mon sac. Tu <u>viens</u>, Georges?

5 verbs in the conditional tense: *aimerais, voudrais, pourrait, risquerais, préférerais*

If you can construct the future and imperfect tenses, you can construct the conditional. The endings never change, there are no irregular constructions. The stems are the same as for the future.

3. cinéma, écran, salle, projection, public, entracte

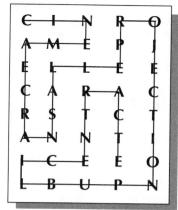

4. ANNE, AÎNÉ, FINE, FILE, FILM

5. j'achèterais, je choisirais, je prendrais, nous partirions, nous nous amuserions, je donnerais, je paierais, je m'acquitterais, j'aurais, je serais

   The sequence of tenses is always the same: *si* + present then future, *si* + imperfect then conditional, *si* + pluperfect then conditional perfect.

6. 1b   2b   3a   4b   5a

7. A possible answer: "Le Roi Lion" est un dessin animé avec des séquences sensationelles. Le spectacle m'a énormément plu – beaucoup d'action, de belles images, et un ébande son [=soundtrack] extraordinaire. Je vous counseille d'aller le voir!

Unit 11

1. 1. encaisser   2. faire des économies   3. le guichet   4. les économies   5. la devise   6. le distributeur automatique

2. 1. Qu'est-ce que tu as pris comme plat principal?
   2. Et comme boisson?
   3. Georges a pris du vin?
   4. Combien avez-vous payé?
   5. Pourquoi as-tu été obligée d'aller à la banque?

   There are several ways of asking a question, the simplest one being adding a question mark to a sentence or raising your voice at the end of the sentence when you're speaking. *Est-ce que* is a common construction, it doesn't mean anything as such. Just think of it as a formula that changes a sentence into a question. Specific words which introduce questions are covered in Unit 18.

3. Across: affection, idée, annonces, oignon, exact, herbage, reclame, queue, achevé, wagon-lit, zinc, jeunesses
   Down: kilomètre, vengeance, ennuyer, franc, tenu, oser, papeterie, référence, impolis, bâtie, rare, coin
   1. Dollar   2. Peseta   3. Rouble   4. Livre sterling   5. Mark   6. Yen

4. 1. Non, je n'en ai pas.   2. Oui, j'y vais tout de suite.
   3. Oui, j'en ai une dans mon sac.   4. Ils en achètent cinq.
   5. Oui, ils vont en retirer.   6. Oui, j'en ai perdu.   7. Il y va pour encaisser un chèque.   8. Oui, nous en acceptons plusieurs.   9. Non, je n'en ai pas pris.   10. Oui, j'y suis allé ce matin.

5. 2550 francs

6. You should have something similar to this:
   1. La dame qui a deux enfants est maintenant près de la porte.

2. Le monsieur qui porte la casquette est à la fin de la queue.
3. Le grand monsieur qui porte les lunettes est près du guichet.
4. La dame aux cheveux longs est à côté de la fenêtre.
5. L'homme à la veste rayée est près de la caisse automatique.
6. La vieille dame marche vers la sortie.
Le monsieur barbu aux cheveux noirs qui porte des lunettes de soleil dans la première image est le voleur!

Unit 12

1. 1. Catherine: le parapluie;   2. Mimi: une petite valise;   3. Eric: le livre;   4. Bruno: la raquette de tennis;

2. Across: 1. sieste   4. propre   8. utiles   9. désolé   11. idée   12. une   13. lent   16. non   17. amusé   18. car   19. nièce   22. éclat   25. hectare   26. bourse   28. saisir   29. culs-de-sac   32. samedi   33. épaule   35. irriter   38. météo   40. terre   43. roi   44. poing   45. dit   46. huer   47. blé   48. scie   51. nature   52. ennemi   53. svelte   54. beurre

   Down: 1. Sauvignon   2. exigeante   3. très   5. rien   6. provençal   7. électorat   10. inquiète   14. gâtée   15. céder   20. impôt   21. charcuterie   23. célibataire   24. assis   27. essai   28. suède   30. faute   31. clair   34. aiguille   36. rompu   37. étage   38. marchands   39. trimestre   41. rédacteur   42. extrémité   49. brut   50. onze

Unit 13

1. 1f   2e   3j   4b   5l   6d + c
   Did you think that the *hippodrome* was a theater? *Hippos*, the Greek for horse, and *dromos*, the Greek for race, means that a hippodrome was a place for horse and chariot racing! *Hôtel de ville* is a civic building, called *la mairie* in smaller towns, and often has the French flag outside it. This is where civil marriage ceremonies – which are compulsory – take place.

2. à gauche – à droite; à sens unique – à double sens; beau – laid; couvert – en plein air; vite – lentement; chauffeur prudent – chauffeur imprudent; tu arriveras – tu partiras; marche arrière – marche avant; arrêter le moteur – démarrer; interdit – autorisé

3. 1. tarif   2. plomb   3. roule   4. autos   5. pneus   6. libre   7. péage   8. arrêt   9. carte   10. plein   11. frein
   ROUTE BARREE

4. 1. Il a fait marche arrière parce qu'il s'était trompé de route.
   2. Il s'est arrêté, car un agent de police lui avait fait signe.
   3. Nous avons suivi les indications que vous nous aviez données.
   4. Nous avons continué à rouler parce que le feu était passé au vert.
   5. Nous nous sommes arrêtés car un grand camion s'était écrasé contre la barrière de sécurité.
   6. Il a eu une contravention parce qu'il n'avait pas vu le panneau de limitation de vitesse.

5. Nous avons pris l'autoroute A10. Nous sommes sortis de l'autoroute à Tours. Nous avons tourné à gauche juste après le virage. Au rond-point, nous avons pris la troisième sortie. Au rond-point suivant, nous sommes allés tout droit. Après le pont, nous avons tourné à droite. Nous avons continué sur une dizaine de kilomètres. Au village de La Chapelle, nous

avons tourné à gauche juste après la poste. Le restaurant se trouvait un peu plus loin, en face d'une petite ferme.

6. You may have taken a different route, but here's our solution:

Isabelle: Allez tout droit. Prenez la première rue à droite et ensuite la première à gauche. Dépassez le rond-point. Tournez encore à droite et la piscine se trouve juste après la première à gauche.

Georges: Pour aller à la poste, prenez la deuxième rue à gauche. Continuez tout droit sur 150 mètres, puis prenez la deuxième rue à droite. La poste sera sur votre droite.

Unit 14

1.

Georges: l'abbaye, la cathédrale, l'église, le monastère

Isabelle: la galerie, le musée, le quartier commerçant, la vente aux enchères

Didier: le château fort, les créneaux, le planétarium, les remparts

Sylvie: l'aquarium, le jardin public, le jardin zoologique, les maisons troglodytes.

2. 1. Non, il y est venu avec ses parents.
2. Elle l'a visité quand elle est venue voir ses amis à Tours.
3. Elle, l'a trouvé très beau.
4. Non, il s'est promené dans les jardins.
5. Non, il ne l'a pas vue car ça ne l'intéresse pas du tout.
6. Il propose une visite au Musée du Cheval.

3. 1. sportive   2. attachée   3. couleurs   4. repoussé
5. Emmental   6. crémerie   7. obstacle   8. ensemble
9. utiliser   10. renversé   SACRE-COEUR, VERSAILLES

4. 1. depuis   2. il y a   3. depuis   4. il y a   5. il y a
6. depuis   7. il y a   8. depuis

In addition to meaning "there is" or "there are," il y a can also mean "ago." Depuis meaning "since" or "for" is used in the present tense to mean "have done" and the imperfect tense to mean "had done."

5. 1. Il est né en Corse en 1769. Il est devenu Premier Consul de France en 1799. Il a fondé un Empire français en Europe. Il a épousé Joséphine de Beauharnais. Il a subi une défaite contre les Russes en 1812. On l'a envoyé à l'île d'Elbe en 1814 mais il est rentré en France. A Waterloo, il a été battu par l'armée de Wellington et des Prussiens . On l'a envoyé en exil à Sainte-Hélène. NAPOLÉON BONAPARTE

2. Elle est née en Pologne en 1867. Son mari français était chimiste comme elle. En 1903, elle a été la première femme à recevoir un prix Nobel. C'était le prix Nobel de physique. En 1911 elle a remporté le prix Nobel de chimie; elle était la première personne à recevoir deux fois ce prix. Elle a découvert le radium. MARIE CURIE

A history book might well have written this in the past historic tense, a tense which is only written, never spoken, but it has the same meaning as the perfect tense used here.

6. You may have phrased your answers differently, but here's our suggestion:

1. Jeanne d'Arc est une patriote française qui est née en 1412 d'une famille paysanne. Quand elle avait treize ans, elle a eu une vision qui lui a ordonné de libérer la France. Elle a obligé les Anglais a lever le siège d'Orléans et a amené Charles VII à Reims, où on l'a couronné roi de France. Elle a été faite prisonnière par les Anglais et est morte sur le bûcher à Rouen en 1431.

2. Brigitte Bardot, actrice française, est née en 1934. Elle a été une vedette/star du cinéma français, principalement pendant les années cinquante. Elle est devenue presque recluse en 1970 et travaille pour plusieurs associations de protection des animaux. Elle fait campagne/elle milite pour les droits des animaux.

Vedette sounds a little old-fashioned these days.

Unit 15

1. 1. glacial – il gèle;   2. la bruine – le crachin;   3. l'orage – la tempête;   4. l'averse – pluvieux;   5. lourd – étouffant;   6. l'amoncellement de neige – la congère

2. 1a   2c   3a   4b   5c

3. 1. tôt   2. froid   3. déroule   4. supporter   5. stationnant
6. approcher   7. arroser   8. plomb   9. mou

4. 1. Il faisait frais, alors j'ai pris un gilet.
2. Notre voiture ne marchait pas, elle manquait d'huile.
3. Je regardais un documentaire au sujet de la pollution quand le téléphone a sonné.
4. S'il pleuvait j'apporterais mon parapluie.
5. Si tu mettais les déchets dans la poubelle il y aurait moins d'ordures dans la rue.
6. Il recyclait généralement tous les déchets qu'il pouvait recycler /tout ce qu'il pouvait.
7. Si je savais que faire je le ferais tout de suite.
8. Nous habitions près de la centrale nucléaire depuis plusieurs années quand la catastrophe s'est produite.

Use the imperfect tense for a habitual action ("used to do"), continuous action ("was doing"), description in the past, or description of a "backdrop" to actions in the perfect tense.

5. Hier matin, quand j'ai ouvert les volets il faisait frais. Il faisait entre huit et dix degrés et le ciel était brumeux, mais dans la matinée nous sommes allés nous promener parce qu'il y avait du soleil. Quand nous sommes rentrés, il pleuvait et une petite bruine a continué de tomber jusqu'au soir. Aujourd'hui il fait plus chaud.

6. Suggested answers:
Mardi il pleuvait. Nous avons joué aux cartes.
Mercredi il neigeait. Nous avons fait un bonhomme de neige.
Jeudi il tonnait. Georges a éteint la télé.
Vendredi il tombait de la bruine. Je suis allée faire des courses.
Samedi il y avait du soleil et des averses. Nous avons joué au tennis.
Dimanche il y avait du brouillard. Nous avons visité une galerie d'art.

Unit 16

1. 1h   2g   3b   4f   5a   6e   7c   8d

2.

Didier: Salut, Georges. Ça va? C'est vrai qu'on lit de plus en plus de magazines!

Georges: Bonjour, Didier. Je cherche quelque chose sur l'actualité politique. Et toi, qu'est-ce que tu cherches?

Didier: Moi, je cherche un quotidien, tout simplement.

Georges: Qu'est-ce qu'il y a comme suppléments dans les journaux maintenant!

Didier: C'est surtout les pages sport qui m'intéressent. Ah, voilà Sylvie qui arrive. Tu as choisi, chérie?

Sylvie: Oui, j'ai mon magazine.

Georges: Il n'y a que des photos dans ces magazines de luxe. Des photos et le courrier du cœur. Je préfère la presse d'information.

Isabelle: Bonjour, tout le monde! Vous avez déjà tous acheté quelque chose. Mais Georges, pourquoi as-tu acheté ce magazine-là? J'ai trouvé tes bandes dessinées là-bas. Tiens, les voilà!

3. 1. motif 2. moteur 3. émotion 4. escamoté
   5. guillemot

4. 1. DAIM   5. NOMS
   2. ALLO   6. OBEI
   3. ILOT   7. MERE
   4. MOTS   8. SIEN

5. 1. Il prendra un abonnement.
   2. Je lirai mon horoscope.
   3. Georges et Isabelle feront des mots croisés.
   4. Le journaliste fera un reportage sur les élections.
   5. La rédactrice du courrier du cœur répondra à ses lettres.
   6. Il sera rédacteur en chef.
   7. Je me tiendrai au courant de l'actualité.
   8. Didier et Sylvie s'assiéront sur la terrasse pour lire leurs journaux.

6. Here are our answers; some variations are possible:
   Capricorne: Je recevrai de bonnes nouvelles cette semaine.
   Verseau: Je ferai un voyage.
   Poissons: Quelqu'un me rendra visite.
   Bélier: Je n'aurai pas de problèmes financiers.
   Taureau: Je prendrai beaucoup d'exercice.
   Gémeaux: Tout ira bien pour moi au bureau.
   Cancer: Mon partenaire me fera un beau cadeau.
   Lion: Je rencontrerai un nouvel ami.
   Vierge: Je sortirai beaucoup.
   Balance: Je découvrirai un nouveau passe-temps.
   Scorpion: Un ami m'aidera à résoudre un problème.
   Sagittaire: Une belle surprise m'attendra.

7. Suggested answers:
   Je n'ai pas passé une bonne semaine. J'étais malade. Tout allait mal chez moi. J'ai perdu mon porte-monnaie et le chat a mangé le dîner de mon mari pendant que je parlais à ma mère. Je ne suis pas sortie dîner avec mon collègue car il a dû travailler tard. Je n'ai pas reçu de coup de téléphone car le téléphone était en panne. Je n'ai pas préparé mes vacances d'été car mon mari est en déplacement pendant les mois d'été.

Unit 17

1. 1c 2f 3g 4h 5a 6d

2. ouverte, délicieux, sucrées, fatigué, importante, bleu, blanc, rouge, multicolores, bruyants, sérieux, bonne

   It's *des drapeaux bleus, des drapeaux blancs, des drapeaux rouges* but *des drapeaux bleu, blanc et rouge* (compound adjective of colour) Cf. *Ma voiture est bleue.* BUT: *Ma voiture est bleu marine.*

3. 1. lundi 2. midi 3. mardi 4. année

4. 1. noir – soir 2. matin – patin 3. fier – hier 4. gai – mai
   5. gars – mars

5. 1. Cet 2. ces 3. Cet 4. ce
   These are adjectives: they change depending on gender and number.

6. 1. celle 2. Celui 3. Celui, celui OR celle, celle 4. Ceux
   5. celles
   These are demonstrative pronouns. They aren't followed by a noun, as demonstrative adjectives are, but are sometimes followed by *ci* or *là*. They also change depending on gender and number.

7. sais, la soirée, sept, connais, celui, coiffeuse, celle, librairie, biographie

Remember: *connaître* to know a person or place, *savoir* to know a fact. *Librairie* is a bookshop, a library is a *bibliothèque*. An autobiography of Piaf would not have been new – she died many years ago – but a biography could have been written about her. Use *la soirée* rather than *le soir* when you mean the whole evening.

8. A possible answer:
   Ma chère Charlotte,
   Je suis vraiment désolée de ne pas pouvoir accepter ton invitation. Georges et moi serons en vacances ce jour-là. Je ne connais pas Marc et Annette mais j'ai entendu parler d'eux. Bien sûr que je connais le salon de coiffure du centre ville. J'y suis allée une fois. As-tu fini ton livre? C'était intéressant?
   Bon anniversaire!
   Grosses bises.
   Isabelle

Unit 18

1. 1c 2g 3e 4h 5b 6b
   There were a few traps to fall into here! A *flûte* is, of course, a musical instrument but it is also a long thin loaf of bread. A *religieuse* can be a nun but also a cake made from *choux* pastry rather like an *éclair* so you would find 'it' in the *pâtisserie*. An *avocat* may be someone with a legal background but is also an avocado! *Kiwis* are kiwi fruits, sometimes called Chinese gooseberries, as well as the birds native to New Zealand.

2.
Le garçon de café: Messieurs dames. Vous désirez?
Isabelle: Une eau minérale, s'il vous plaît. Vous avez de l'eau non gazeuse?
Le garçon de café: Bien sûr, madame. Est-ce que vous voulez des glaçons et une tranche de citron?
Isabelle: Les glaçons, je veux bien, mais pas de citron.
Le garçon de café: Monsieur?
Georges: Vous avez du café décaféiné?
Le garçon de café: Oui monsieur. Vous préférez un express ou un crème?
Georges: J'aimerais mieux un crème, s'il vous plaît.
Le garçon de café: Merci, Messieurs dames.

3. et avec ça? affaire, bon marché, caisse, sélectionner, décider, rayon, réduction, échanger, gratuit, paquet-cadeau, commander, faire la queue, reçu, vendre, dépenser, attendre, peser

4. 1. Quand est-ce que le magasin a fermé?
   2. Qu'est-ce qu'ils ont vendu?
   3. Qui a acheté celui-ci/celle-ci?
   4. Pourquoi as-tu acheté cela?
   5. Où est-ce que j'ai mis mon porte-monnaie?

5. 1. Qu'as-tu acheté à la poste?
   2. S'est-il garé au parking couvert?
   3. Avons-nous besoin de pièces pour les caddies au supermarché?
   4. Le syndicat d'initiative est-il toujours ouvert?
   5. Y a-t-il une fête aujourd'hui?

6. 1. Homemade; 2. Café and garage; 3. Garage du Carrefour; 4. M. Patrou, M. Fournier, M. Ménager; 5. No. It's a self-service garage.

7. A possible answer:
   Bonjour, madame.
   Vous désirez?
   Oui madame. Super ou sans plomb?
   L'eau, l'huile, ça va?
   D'accord. Vous êtes en vacances?
   C'est tout? Alors 220 francs, s'il vous plaît.
   Je vous dois donc 80 francs. Voilà, madame. Merci et bonne route.

Unit 19

1. 1c 2d 3b 4a 5e

2. 1b 2c 3c 4c

3. 1. alcool 2. whisky 3. cocktail 4. mousseux 5. apéritif 6. blanc 7. glace 8. vignoble 9. pression

   CHAMPAGNE

4. 1. Le marchand de vin a vendu les billets pour la dégustation.
   2. Les vignerons cueillent le raisin.
   3. Les fils du vigneron mettent le vin en bouteille.
   4. Le monsieur qui est assis dans un coin du restaurant a commandé le champagne.
   5. Beaucoup de Français boivent ce vin.

   You can also avoid using the passive constructions here by using *on* and the third person singular of the verb. This is far more common in French than the English equivalent "one."

5. 1. Viennois 2. jeunesse 3. terrasse 4. lunettes 5. natation 6. lumières 7. Japonais 8. uniforme 9. vendredi 10. ennuyeux

   Une journée sans vin est une journée sans soleil.

6. Nous vous souhaitons la bienvenue. Pour mieux connaître notre vin, nous vous proposons une agréable promenade dans nos vignobles. Nous vous suggérons d'aller voir nos lieux de production. Nous sommes deux cents viticulteurs. Nos vignes sont exposées sur différents terroirs. Certains d'entre nous élèvent leurs vins en fûts de chêne pour l'affiner. Nous vous conseillons de consommer nos vins avec modération. L'abus d'alcool est dangereux pour la santé.

Unit 20

1. 1e 2c 3a 4b 5f 6d

2. 1. Si on voyage en voiture on prend le Shuttle.
   2. En rentrant en France après un visite en Angleterre, on arrive près de Calais.
   3. Il y a l'autoroute M20.

4. La gare de Waterloo est à Londres en Angleterre.
5. Le train de Paris à Coquelles est un train à grande vitesse.

3. 1. le ticket – this is a bus or underground ticket; the others are to be found on mainline trains.
   2. les docks – this refers to boat travel; the others are rail travel terms.
   3. le buffet – this is a place to eat; the others are places to sleep when travelling.

4. a Louise – voiture; b David – avion; c Geneviève – bateau; d Kevin – train

5. 1. en haut de la; 2. devant le; 3. entre les; 4. derrière le; 5. en face de la

6. Je voudrais des tickets, s'il vous plaît.
   Oui monsieur, juste deux tickets, ou bien un carnet?
   Un carnet, s'il vous plaît. Pour le Champ de Mars, c'est quelle direction?
   Prenez la direction Nation.
   Je vous remercie.
   Je vous en prie.

7. A possible answer:
   Sophie: Tu prends le bateau pour aller en Angleterre?
   Christine: Ça ne va pas très vite.
   Sophie: Tu préfères l'avion?
   Christine: C'est cher.
   Sophie: L'aéroglisseur est assez rapide.
   Christine: Oui, mais s'il fait mauvais temps...
   Sophie: Et si tu prenais le train?
   Christine: Ça va plus vite en France qu'en Angleterre.
   Sophie: Ou la voiture?
   Christine: C'est parfois fatigant.
   Sophie: Mais il y a le Tunnel!
   Christine: C'est l'inconnu, n'est-ce pas?
   Sophie: Et si tu restais chez toi?
   Christine: Tu as peut-être raison.

UNIT 21

1. 1e 2c 3h 4a 5b 6g

2. depuis, même si, sauf, par conséquent, lorsque, sans, tandis que, aussi

3.

4. 1. Ils ont une autre tente pour que les enfants puissent aller avec eux.
   2. Nous faisons du camping, bien que je préfère l'hôtel.
   3. Elle ne fait jamais de camping, quoiqu'elle sache que c'est moins cher.
   4. J'attendrai jusqu'à ce qu'il arrive.
   5. Je resterai ici à moins qu'il fasse du soleil.

In all of these cases, the subjunctive was necessary, but remember: the subjunctive is not used if the subjects of the two parts of the sentence are the same. It is replaced by the infinitive, often introduced by *de*, e.g. *J'ai peur d'arriver tard, not j'ai peur que j'arrive tard.*

5. 1. true   2. false   3. false   4. false   5. true

6. You should have chosen La Chaumière, but you may have phrased your answer differently from ours:

Je vous recommande La Chaumière. Vous avez une chambre pour une personne au rez-de-chaussée pour la mère de Monsieur. En plus, vous avez le frigo pour mettre vos provisions, et pour être sûr d'avoir toujours des boissons fraîches pour les enfants. Il y a aussi un lave-vaisselle, ce qui est bien pratique quand on a une grande famille. Quant aux enfants, ils adoreront les lits superposés, et puis vous avez aussi l'aire de jeux pour qu'ils puissent s'amuser. Enfin, vous avez les commerces sur place pour faire vos courses.

UNIT 22

1. 1d   2b   3e   4a   5h   6g   7c   8i

2. 1. private secretary (personal assistant)   2. teacher (of business studies)   3. designer   4. manager
5. transcriptionist (audio typist)

An IUT is an *Institut Universitaire de Technologie,* which you normally enter after passing your *baccalauréat,* the French equivalent to a high school diploma or GCSE A Levels.

3. Across: 2. PUBLICITE   5. USINAGE   7. MARCHAND
11. CRITIQUE   13. INVESTI   15. ANTI-GREVE

Down: 1. ASSUME   2. PRETRE   3. BOUCHER   4. TPG
6. EU   8. NOTAIRE   9. EQUIPE   10. GERANT   12. ZI
14. NON

4. 1. verras, devras; 2. sera arrivé, montreras; 3. aura terminé, pourrez; 4. téléphonerai, aurai fini; 5. viendrai, aurai démarré

Using the future or future perfect after certain time words often presents problems, since in English the present or perfect tense is used. Therefore, "when I do something" in French is "when I shall do something." "We'll eat when she arrives" becomes: *Nous mangerons quand elle arrivera.* Similarly "when I have done" becomes "when I shall have done." "I'll eat when I have prepared dinner," becomes: *Je mangerai quand j'aurai préparé le repas.*

5. 1. Je serais vendeur/Je vendrais les produits de la maison.
2. Non, je travaillerais en équipe.
3. Non, mais c'est souhaitable.
4. Je devrai lui envoyer une lettre de candidature et un c.v.
5. Non, je ne pourrais pas, car il faut avoir au moins vingt-cinq ans.

6. Our suggested answer:
En réponse à votre annonce, j'ai l'honneur de poser ma candidature au poste de représentant de commerce. J'ai deux ans d'expérience dans ce type de travail et j'ai les qualifications requises. J'aurai trente-deux ans la semaine prochaine. Je serai disponible à partir du premier février. Je vous prie de trouver ci-joint mon c.v.

Unit 23

1. 1c   2f   3h   4b   5a   6d   7g   8e

2. Here's one possible answer; you will probably have some variations:
1. Tu as passé de bonnes vacances?
2. Quand est-ce que vous êtes arrivés chez vous?
3. Vous avez mangé chez vous?
4. Vous avez rencontré des gens intéressants?
5. Georges va bien?
6. Si on déjeunait ensemble aujourd'hui?
7. Midi devant la poste?

3. Vous avez presque fini ce livre. Bravo!

4. 1. lequel   2. laquelle   3. qui   4. auxquelles   5. de laquelle   6. dont   7. que   8. duquel

5. Georges relates the content of the memo to Isabelle in the following way:

"Il me dit qu'il aimerait me parler de ses projets de développement de la banque. Il dit qu'il désire étendre ses activités au delà de la France y compris les Etats Unis. Il parle de postes vacants dans plusieurs régions de la France, d'augmentations de salaire et de son envie de réévaluer les conditions de travail de ses directeurs. Il me dit aussi que sa secrétaire se mettra en rapport avec moi dès son retour."

6. Here's Georges' résumé (c.v.):

Nom, prénom:	DUMAS Georges
Adresse:	23, Avenue des Mimosas, 75021 PARIS
Téléphone:	(1) 49.99.71.90
Date de naissance:	30.12.1960
Lieu de naissance:	Paris
Situation de famille:	Marié
Nationalité:	Français
Langues pratiquées:	Français, anglais
Formation:	Baccalauréat de technicien 1978 1982 Université de Perpignan: licence de sciences et mathématiques
Expérience professionnelle:	Banque d'Essinay depuis 1982 Directeur de Département
Autres renseignements:	Permis de conduire

Unit 24

1. 1. Sophie: bouillabaisse   2. Jeanne: coquilles Saint-Jacques
3. Alain: quenelles   4. Robert: bœuf bourguignon

2. Across: 1. Camper   4. Jambes   8. Nantes   9. Lequel
11. Posé   12. Des   13. Vent   16. Lié   17. Opéra
18. Ami   19. Tiers   22. Ordre   25. Attrapé   26. Divans
28. Odorat   29. Notre Dame   32. Habité   33. Sentir
35. Lasagne   38. Chien   40. Orgue   43. Cep   44. Elève
45. Arc   46. Ocre   47. Eté   48. Quel   51. Inapte
52. Vallée   53. Rôties   54. Direct

Down: 1. Canapé-Lit   2. Monastère   3. Epée   5. Avec
6. Boulevard   7. Solitaire   10. Décembre   14. Toast
15. Galop   20. Inuit   21. Ratatouille   23. Recommander
24. Repas   27. Serré   28. Ondes   30. Match   31. Hibou
34. Baguette   36. Année   37. Noter   38. Cacaotier
39. Imparfait   41. Graduelle   42. Excellent   49. Être
50. Taxi

Grammar: _____

This isn't a complete survey of French grammar, but it covers some of the important areas of language found in the units of this Workbook. For a comprehensive treatment of French Grammar, see the *Berlitz French Grammar Handbook.*

Pronouns

Position of object pronouns

As a general rule, object pronouns come immediately before the verb of which they are an object:

I'm looking for the children.	*Je cherche les enfants.*
I'm still looking for them.	*Je **les** cherche toujours.*

In compound tenses the object pronoun comes before the auxiliary verb:

I have been looking for them.	*Je **les** ai cherchés.*

In negative sentences the *ne* and *pas* encompass the pronoun and the auxiliary:

I haven't found them.	*Je **ne** les ai **pas** trouvés.*

Order of object pronouns

When two object pronouns occur together they follow this order:

me				
te	le	lui	y	en
se	la	leur		
nous	les			
vous				

For example: *Je la lui rends.*
I give it back to him.

Direct and indirect object pronouns

English speakers sometimes confuse direct and indirect object pronouns in French. Remember that if you can say "**to** him/her" etc., this is the indirect object pronoun. However, "to" can often be omitted in English:

I give it **(to) him**.	*Je le **lui** donne.*

Y

The pronoun *y* can be used to replace any preposition indicating location (such as *à, dans, sur, devant, sous, à côté de*) and the noun that follows. *Y* is often translated as "there" in this context:

Have you looked in the kitchen? I think it's **(in) there**.	*As-tu regardé dans la cuisine? Je crois qu'il **y** est.*

Y replaces *à* + noun even when *à* does not refer to location, for example in expressions like *penser à* "to think about". However, when used in this way, *y* can only refer to a thing or things, never to people:

I'm thinking about my vacations. I often think **about them**.(ie vacations)	*Je pense à mes vacances.* *J'**y** pense souvent.*

En

En replaces *de* + noun. As *de* has a wide range of uses in French, *en* has many translations in English:

Do you have any chocolate? Yes, I have **(some)**.	*Tu as du chocolat? Oui, j'**en** ai.*
Do you have any money? No, I don't (have **any**).	*Tu as de l'argent? Non, je n'**en** ai pas.*
Did you go to the bank? Yes, I've just comeback (**from there**).	*Tu as donc été à la banque?* *Oui, j'**en** reviens.*
I spoke **about it** last night.	*J'**en** avais parlé hier soir.*

Like *y*, *en* is normally used to refer to things.

Remember that *en* is also a common preposition meaning "in, to" etc.

Relative pronouns

In English, relative pronouns can take a variety of forms, and are often left out altogether. This is not true of French:

… the meal (**that/which**) Michèle had prepared …	*… le repas **que** Michèle avait préparé …*

When used as a relative pronoun, *qui* is the subject of the clause it introduces, and *que* is the direct object:

The letter (**which is**) on the table…	*La lettre **qui** est sur la table…*
The letter (**which**) you wrote…	*La lettre **que** vous avez écrite…*

After prepositions, *qui* is used for people, but *lequel* (or *laquelle, lesquels, lesquelles* as appropriate) is used for things:

The lady (**to whom**) I was speaking to…	*La dame avec **qui** je parlais…*
The shop outside **which**…	*Le magasin devant **lequel**…*

The pronoun *dont* is the equivalent of *de* + relative *qui*:

That's the teacher (**who**) I was telling you **about**.	*Voilà le professeur **dont** je te parlais.*

Demonstrative pronouns

The demonstrative pronoun *celui/celle/ceux/celles* is used to point out or emphasize things – the equivalent in English being "this one," "that one," and "these/those ones". Note that the forms of *celui* cannot stand alone. They are always followed by either the demonstrative suffix (*-ci/là*), a relative pronoun (*qui, que, dont,*) or a preposition (generally *de*).

Which book do you want? The one I told you about.	*Tu veux quel livre?* **Celui dont** *je t'ai parlé.*
Which car shall we take? Serge's.	*On prend quelle voiture?* **Celle de** *Serge.*

Articles and determiners

The definite article

In English, we can omit the definite article "the" when generalizing or using abstract terms. Remember that this isn't the case in French:

Wine is cheaper in France.	*Le vin coûte moins cher en France.*
Politics do not interest me.	*La politique ne m'intéresse pas.*

Demonstrative determiners

The demonstrative determiner *ce/cet/cette/ces* corresponds to "this/these" and "that/those" in, for example, "this book" or "that car." To make a clear distinction between "this (here)" and "that (there)," add *-ci* or *-là* to the noun:

I prefer **that** table:	*Moi je préfère* **cette** *table-***là**:
This table is too close to the door.	***Cette*** *table-***ci** *est trop près de la porte.*

Adverbs

As in English, the majority of adverbs in French are formed from adjectives. The general rule for adverbs is to add *-ment* to the feminine singular form of the adjective:

complet	complète	complètement	completely
froid	froide	froidement	coldly

Some adjectives ending in a vowel form their adverb from the masculine:

vrai	vraiment	truly
poli	poliment	politely

Most adjectives ending with *-ant* or *-ent* form their adverb with *-amment* or *-emment*:

prudent	prudemment	prudently
constant	constamment	constantly

The main exception to this is *lent* "slow," whose adverb is *lentement*.

The most important wholly irregular adverbs are:

bon	bien	well
bref	brièvement	briefly
gentil	gentiment	kindly
mauvais	mal	badly
meilleur	mieux	better, best
moindre	moins	less, least
petit	peu	little

Some adjectives cannot be used to make adverbs, *content* "happy," *fâché* "annoyed," *charmant* "charming," *intéressant* "interesting," to name a few.

Similarly *vite* "quickly" is an adverb that isn't derived from an adjective.

Adjectives

Adjectives in French agree in number and gender with the noun they describe. They normally follow the noun they describe, although some common ones such as *beau, bon, grand, gros, jeune* etc. frequently precede the noun. There is a group, however, where the position of the adjective changes its meaning:

	Before the noun	After the noun
ancien	"former"	"ancient"
	un ancien professeur	un professeur ancien
cher	"dear"	"expensive"
	un cher parent	une voiture chère
pauvre	"poor" i.e. "unfortunate"	"poor" i.e. "impoverished"
	un pauvre monsieur	un monsieur pauvre
propre	"own"	"clean"
	ma propre maison	ma maison propre
vrai	"real"	"true"
	le vrai champagne	une histoire vraie

Comparatives and superlatives

Plus is used to form the comparative in French and *le/la/les plus* to form the superlative:

un beau château	a beautiful castle
un plus beau château	a more beautiful castle
le plus beau château	the most beautiful castle

When the superlative follows the noun, the article is repeated (with the same number and gender):

*l'homme **le** plus intelligent*

Prepositions

The use and meaning of individual prepositions varies a great deal between English and French. So, although **à** in French generally corresponds to "to" in English, and **de** to "of", you should not assume that French will always use **à** where English uses "to."

For example: *Je suis content **de** te voir.*
I am pleased **to** see you.

For this reason, you should try to learn which preposition goes with a particular phrase, as well as general guidelines for use.

Reported speech

In reported (or "indirect") speech, the statement is rephrased, usually in a clause introduced by *que* or a question word:

He said (**that**) he had a meeting at half past nine.   *Il a dit **qu'**il avait une réunion à neuf heures et demie.*

As you can see from this example, in English we often drop the "that" which introduces reported speech. This isn't possible in French.

In many cases, the tense of the verb in reported speech is different from that in direct speech (what was said). Here is a table:

Direct	Indirect
present	imperfect
perfect	pluperfect
future	conditional

Verbs

The perfect tense

The perfect tense in French has two uses. One closely matches the English perfect tense, "I have spoken."
The other replaces the simple past tense "I spoke," which in French is called the *passé simple* and is not generally used in speech.

To form the perfect tense correctly, you need to know:

▶ the past participle of the verb

▶ whether the auxiliary is *avoir* or *être*

▶ whether the past participle needs to agree with either the subject or the direct object

Auxiliary verbs

The vast majority of French verbs have *avoir* as their auxiliary, but the following verbs take *être*:

▶ all reflexive verbs

▶ the following 13 verbs, and those based on them (*devenir, rentrer* etc.):

aller	venir
arriver	partir
entrer	sortir
descendre	monter
naître	mourir
rester	tomber
retourner	

Notice that, as above, 12 of the 13 can be placed neatly in pairs of opposite meaning.

Past participle agreement

Normally the past participle of a verb conjugated with *avoir* remains unchanged:

She has lost her sunglasses.   *Elle a perdu ses lunettes de soleil.*

However, if the verb has a direct object that comes before the verb, the participle must agree in number and gender with the direct object:

Here are the sunglasses I lost.   *Voilà les lunettes de soleil que j'avais perdues.*

The past participle of a verb conjugated with *être* must always agree with the subject of the verb:

We went to the game together.   *Nous sommes allés au match ensemble.*

Except in the case of a reflexive verb where the reflexive pronoun is an *indirect* object, in which case there is no past participle agreement:

They called each other every day.   *Ils se sont téléphoné tous les jours.*

The imperfect tense

Here are some of the main uses of the imperfect:

❱ to indicate something that was not completed or continuing to or was interrupted by another event:

I **was sleeping** in the armchair when the children got back.

Je **dormais** dans le fauteuil quand les enfants sont rentrés.

❱ to indicate something repeated or regular in the past:

Normally I **spent (would spend)** my weekends working in the yard/garden.

Normalement je **passais** mes week-ends à travailler au jardin.

❱ in some conditional sentences with si:

If I **knew** his address, I would go and see him.

Si je connaissais **son** adresse, j'irais le voir.

The conditional and conditional perfect tenses

Conditional sentences are mostly introduced by si "if." The level of probability in a conditional sentence is indicated by the sequence of tenses used:

si	+	present	+	future	most likely
si	+	imperfect	+	conditional	less likely
si	+	pluperfect	+	perfect conditional	purely hypothetical

If I have time, I shall go to the beach.

Si j'ai le temps, j'irai à la plage.

If I had the time, I would go to the beach.

Si j'avais le temps, j'irais à la plage.

If I had had the time, I would have gone to the beach.

Si j'avais eu le temps, je serais allé à la plage.

The same three levels of probability are useful when responding to invitations:

Yes, please/thanks!

Oui, je veux bien.

Yes, I would like that.

Oui, je voudrais bien.

I would very much have liked to, but…

J'aurais bien voulu, mais…

Tenses with depuis

Remember that French uses the present tense to express what has been happening up to now (and may be going to continue) with depuis "since, for":

We have been here (for) a month.

Nous sommes ici depuis un mois.

In negative sentences, however, depuis is followed by a past tense:

We have not had any rain for six months.

Nous n'avons pas eu de pluie depuis six mois.

The subjunctive mood

The use of the subjunctive generally indicates the adoption of a particular emotional attitude (wish, fear, pleasure, uncertainty etc.) towards the event described by the sentence. Compare the following sentences:

He will certainly win the prize. (indicative, states fact)	*Il gagnera certainement le prix.*
I would prefer him not to win it. (subjunctive, expresses wish)	*Je préférerais qu'il ne le gagne pas.*

However, there are a number of exceptions to this general rule, and it is safer to think of the subjunctive as occurring after specified verbs and fixed phrases, and in subordinate clauses beginning with **que** "that."

Note that the subjunctive is not generally used unless there is a change of subject in the sentence. If the subject is the same, other constructions such as the infinitive are preferred. Compare the following:

Hélène would prefer that you arrive before eight o'clock.	*Hélène **préférerait que vous arriviez** avant huit heures.*
Hélène would prefer to arrive before eight o'clock.	*Hélène **préférerait arriver** avant huit heures.*

The subjunctive after certain verbs

The subjunctive is used with the following categories of verbs, when they are followed by **que**:

Verbs expressing emotions such as pleasure, surprise, anger, fear etc., e.g.:	*être content que, s'étonner que, être déçu que, regretter que, avoir peur que*
Verbs of wanting, preferring, ordering, permitting, forbidding, awaiting etc., e.g.:	*vouloir que, souhaiter que, désirer que, préférer que, insister pour que, permettre que, attendre que.*
Verbs expressing necessity, urgency and importance, e.g.:	*il faut que, il est nécessaire que, il est urgent que, il est important que.*
Verbs expressing possibility, uncertainty, doubt, e.g.:	*il se peut que, il est possible que, il est impossible que, douter que, je ne crois pas que.*

Glossary:

After each entry in the Glossary you will find the number of the unit in which the item of vocabulary first occurs.

As this is an *Intermediate* workbook, some very basic items of vocabulary have not been included here.

A

à bicyclette	by bicycle 1
à bientôt	see you soon 1
à double sens	two way 13
à l'ombre	in the shade 21
à la normande	in the Normandy style 3
à moins que	unless 21
à mon avis	in my opinion 7
à niveaux multiples	multi story 13
à sens unique	one way 13
à toute vitesse	at top speed 4
à travers	across 4
abbaye (f)	abbey 14
abîmer	to spoil 15
abus (m)	abuse 19
accepter	to accept 11
accueillir	to welcome 1
accompagner	to accompany 6
achevé	finished 11
acteur (m)	actor 10
action (f)	action, plot 10
actrice (f)	actress 14
actualités (f pl)	news 16
addition (f)	bill 3
aérobic (m)	aerobics 4
affaire (f)	bargain 18
affection (f)	affection 11
afin que + subj	so that 21
âge adulte (m)	adulthood 19
agent de la circulation (m)	traffic police officer 13
agneau (m)	lamb 3
agrandir	extend 9
aiguille (f)	needle 12
ail (m)	garlic 3
ailleurs	elsewhere 4
aîné	older 10
aire de jeux (f)	play area 21
alentours (mpl)	surroundings 19
allure (f)	speed 24
Alpes (fpl)	Alps 24
amateur de	lover of 2
amer	bitter 2

amoncellement (m)	accumulation 15
ample	baggy 7
amusant	funny 8
âne (m)	donkey 8
animal, animaux (m)	animal, animals 14
années cinquante (f pl)	the Fifties 14
annonce (f)	announcement 11
annuaire (m)	phone book 5
annulé	cancelled 20
anti-grève	anti-strike 22
apercevoir	to notice 13
apéritif (m)	aperitif 19
appartement (m)	apartment 9
de grand standing (m)	luxury apartment 9
appel (m)	call 5
appel en P.C.V. (m)	collect (reverse charge) call 5
appellation contrôlée (f)	controlled labelling to protect wine quality 19
apprécier	to appreciate 10
approcher	to approach 15
après-midi (m or f)	afternoon 1
aquarium (m)	aquarium 14
araignée (f)	spider 2
arc (m)	bow 24
architecture (f)	architecture 14
arme (f)	weapon 24
armée (f)	army 14
arrêter	to stop 13
arriver	to arrive 1
artichaut (m)	artichoke 3
assistante (f)	private secretary (personal assistant) 22
association (f)	association 14
assumer	to take charge of 22
astrologie (f)	astrology 14
atelier (m)	workshop 22
attaché	attached 14
atterrissage (m)	landing 20
attrapé	caught 24
au bout de	at the end of 11
au-delà	beyond 20
au lieu de	instead of 20
au moins	at least 2

auberge *(f)*	inn 3
auberge de jeunesse *(f)*	youth hostel 21
audiotypiste *(f)*	transcriptionist (audiotypist) 22
augmentation *(f)*	increase 23
augmenter les effectifs	to increase the workforce 23
aujourd'hui	today 2
aussitôt que	as soon as 3
autobiographie *(f)*	autobiography 17
automne *(m)*	autumn 24
autorisé	allowed 13
autoroute *(f)*	highway (motorway) 13
autre chose	something else 4
Autriche *(f)*	Austria 17
avare	miserly 8
averse *(f)*	shower 15
avocat *(m)*	avocado 18; lawyer 18
avouer	to admit to
avoir envie de	to want 4
avoir faim	to be hungry 8
avoir horreur de	to loathe 14
avoir mal aux dents	to have toothache 6

B

baccalauréat *(m)*	equivalent to GCE A level/ high school diploma 23
baignade *(f)*	swimming 21
balafre *(f)*	gash 6
Balance *(f)*	Libra 16
bandes dessinées *(f pl)*	cartoons 16
banque de données *(f)*	databank 23
banquette *(f)*	seat 9
barbu	bearded 11
barrière de sécurité *(f)*	crash barrier 13
bas, basse	low 9
bâtir	to build 9
bavard	talkative 2
beaucoup	lots of, many 1
Bélier *(m)*	Aries 16
Belle au bois dormant *(f)*	Sleeping Beauty 2
bibliothèque *(f)*	bookcase 9; library 17
bien que + subj	although 21
bière blonde *(f)*	lager beer 19
bière brune *(f)*	brown ale 19
billetterie *(f)*	cash machine 11
biographie *(f)*	biography 17
bizarre	strange 8
blanchisserie *(f)*	laundry 7
blé *(m)*	wheat 12
bogue *(m)*	computer bug 23
boisé	wooded 2
boîte *(f)*	box 4
bombe *(f)*	aerosol 15
bon marché	cheap 15
bonsoir	good evening 1
bord *(m)*	edge 2
bouffant	baggy 7
Bourse *(f)*	Stock Exchange 12
botte *(f)*	boot 7

bouillabaisse *(f)*	fish soup 3
bovins *(m pl)*	cattle 3
bref	brief 2
Bretagne *(f)*	Brittany 3
brocante *(f)*	secondhand goods 13
brochette *(f)*	kebab, skewer 3
brochure *(f)*	booklet, brochure 6
brosse *(f)*	brush 7
bruine *(f)*	drizzle 15
brumeux (euse)	misty 15
brut	extra dry 12
Bruxelles	Brussels 20
bruyant	noisy 2
buanderie *(f)*	utility room 9

C

ça va?	how are you? 1
cabine *(f)*	cabin 20
cabine téléphonique *(f)*	phone booth 5
cacahuète *(f)*	peanut 24
caddie *(m)*	supermarket cart (trolley) 18
caisse *(f)*	cash register 11
caisse *(f)*	checkout 18
calmar *(m)*	squid 3
calvados *(m)*	apple brandy 3
caméra *(f)*	movie camera 10
camionnette *(f)*	van 2
canapé *(m)*	couch 7
canapé-lit *(m)*	sofa bed 21
Cancer *(m)*	Cancer 16
candidat *(m)*	candidate 22
canne à pêche *(f)*	fishing rod 4
canot *(m)*	open boat 2
canoter	to go rowing 2
Capricorne *(m)*	Capricorn 16
car	as 5
car *(m)*	bus (coach) 2
caravane *(f)*	trailer (caravan) 21
carnet *(m)*	notebook 5; book of tickets 20
carnet de chèques *(m)*	checkbook (cheque book) 11
carte bleue *(f)*	cash card 11
carte de crédit *(f)*	credit card 11
carte de retrait *(f)*	ATM card (cash card) 11
caserne des pompiers *(f)*	fire station 22
casque *(m)*	helmet 4
casque à écouteurs *(m)*	headphones 4
casser	to break 17
cassis *(m)*	black currant 3
cassoulet *(m)*	casserole dish of S.W. France 3
cathédrale *(f)*	cathedral 6
cave *(f)*	cellar 9
célèbre	famous 2
céleri *(m)*	celery 3
cendrier *(m)*	ashtray 9
centrale nucléaire *(f)*	nuclear power station 15
cep *(m)*	vine stock 24
cépage *(m)*	type of vine 19
chambre d'hôte *(f)*	bed and breakfast 13

champ (m)	field 2	coupure (f)	cut 6
champagne (m)	champagne 2	cour (f)	courtyard 21
champignon (m)	mushroom 3	courbe (f)	curve 24
charcuterie (f)	pork butcher's 12	courge (f)	marrow 3
charme (m)	charm 2	courrier du cœur (m)	advice column 16
château (m)	castle, château 2	coussin (m)	cushion 9
château fort (m)	fortress 14	coûteux	costly 2
chaumière (f)	cottage 3	crachin (m)	drizzle 15
chef-d'œuvre (m)	masterpiece 10	crème (f)	cream 3
chemisier (m)	shirt 7	créneaux (m pl)	battlements 14
chêne (m)	oak 19	crêperie (f)	pancake restaurant 17
chèque de voyage (m)	traveler's check (cheque) 11	cresson (m)	watercress 3
chic	elegant 7	crise de foie (f)	bilious attack 6
chimie (f)	chemistry 14	critique (m)	critic 10
chimiste (m, f)	chemist 14	croyable	believable 21
choucroute (f)	sauerkraut 3	cultiver	to grow 19
ci-joint	enclosed 22		
cidre (m)	cider 3	**D**	
cinéphile (m, f)	movie buff 10	dactylo (f)	typist 22
citrouille (f)	pumpkin 3	daim (m)	suede 16
clair	clear 12	dame (f)	lady 8
climatisation (f)	air conditioning 18	daube (f)	stew 3
cocktail (m)	cocktail 19	déboucher	uncork 19
cœur (m)	heart 6	déchets (m pl)	refuse 15
coiffeur (euse)	hairdresser 7	découvrir	to discover 4
collant (m)	tights 4	déçu	disappointed 2
colline (f)	hill 2	défaite (f)	defeat 14
combinaison de plongée (f)	wetsuit 4	défaut (m)	bug 23
comédie (f)	comedy 10	degré (m)	degree 24
comme	like, as 3	dégustation (f)	wine tasting 19
comme ci, comme ça	so-so 23	délicieux (euse)	delicious 17
commerçant (e)	storekeeper 7	demi-tour (m)	U-turn 2
commerce (m)	business, commercial 1	dentelle (f)	lace 3
compassion (f)	sympathy 8	dentifrice (m)	toothpaste 6
comprimé (m)	tablet 6	derrière	behind 20
compte (m)	bank account 11	désastre (m)	disaster 15
comptoir electrique (m)	electrical department 7	dessin animé (m)	cartoon 10
confiserie (f)	candy store (confectioner's) 18	dessinateur (trice)	designer 22
confortable	comfortable 1	dette (f)	debt 10
confus	confused 1	développer	to develop 23
congé (m)	holiday 18	devise (f)	currency 11
congère (f)	snowdrift 15	digestion (f)	digestion 6
conseiller	to advise 24	diriger	to direct 10
conseiller (ère)	counselor 22	disponible	available 22
conséquence (f)	consequence 15	distributeur automatique (m)	cash machine 11
consommer	to consume 19	dites donc	I say! 1
conte de fée (m)	fairy tale 2	divan (m)	couch 24
conteneur de collecte (m)	recycling container 15	divertissements (m pl)	entertainment 16
contenu	restrained 2	docks (m pl)	docks 20
contravention (f)	fine 13	document (m)	document 4
coquille St Jacques (f)	a dish of scallops in shells 24	documentaire (m)	documentary 10
correspondance (f)	connection 20	dollar (m)	dollar 11
correspondant (e)	person one is calling 5	dongeon (m)	dungeon 2
Corse (f)	Corsica 14	dont	whose 2
côte (f)	coast 3	doublage (m)	dubbing 10
couche d'ozone (f)	ozone layer 15	doubler	to overtake 2; to dub 10
couchette (f)	bed on a train or ship 20	douanier (m)	Customs officer 22
coup de téléphone (m)	telephone call 16	dramatique	dramatic 10

drapeau (m)	flag 17
dresser une tente	to put up a tent 21
droits des animaux (m pl)	animal rights 14
dur	hard 2

E

eau-de-vie (f)	brandy 19
eau de Seltz (f)	soda water 6
eau de toilette (f)	perfume 7
eau minérale (f)	mineral water 3
échos (m pl)	gossip 16
éclair (m)	lightning 15
éclairage (m)	lighting 10
éclat (m)	burst 12
écœuré	queasy 6
économies (f pl)	savings 11
écorchure (f)	scratch 6
écran (m)	screen 10
effets spéciaux (m pl)	special effects 10
effroyable	appalling 2
égal	equal 8
eh bien!	well 3
élection (f)	election 16
électricité (f)	electricity 15
élégant	elegant 7
électorat (m)	electorate 12
élève (m, f)	pupil 24
élever	to raise 19
embouteillage (m)	traffic jam 13
émotionel (elle)	emotional 8
Empire (m)	Empire 14
employé	employee 22
en bas	at the bottom 20
en déplacement	away on a trip 16
en effet	in fact 1
en exil	in exile 14
en haut	at the top 1
en plein air	in the open air 7
en sus	in addition 21
encaisser	to cash 11
endroit (m)	place 14
ennemi (m)	enemy 12
ennuyer	to trouble 8
énormément	enormously 1
enrichi	enriched 2
ensemble	together 14
entracte (m)	intermission 10
entrée (f)	main course 3
entretenir	maintain 3
envieux (euse)	envious 8
environnement (m)	environment 15
environs (m pl)	neighborhood 1
épais, épaisse	thick 2
épargne (f)	savings 11
épaule (f)	shoulder 12
épinards (m pl)	spinach 3
épouser	to marry 14
équipe (f)	team 22
équipe de tournage (f)	camera crew 10

équitation (f)	horseback riding 1
escalade (f)	climbing 21
escalope (f)	escalope 3
espèce (f)	sort 24
esquimau	Eskimo 24
essai (m)	attempt 12
essayer	to try 4
essence (f)	gasoline 15
essuyer	to wipe 4
et alors?	so what? 1
étable (f)	stable 6
étage (m)	story (storey) 7
été (m)	summer 24
étourdi	absent-minded 8
étranger (m)	abroad 10
exact	exact 11
exigeant	demanding 12
expert (m)	specialist 10
explorer	explore 1
exposition (f)	exhibition 14
extrémité (f)	end 12

F

faire le tour	to go around 1
faire signe	beckon 13
farce (f)	farce 10
faute (f)	fault 8
fauteuil (m)	armchair 9
fauteuil à bascule (m)	rocking chair 9
favori	favorite 2
félicitations (f pl)	congratulations 1
ferme (f)	farm 6
fermenté	fermented 19
ferry (m)	ferry 20
fête du travail (f)	Labor Day 17
fête nationale (f)	national holiday 17
feux (m pl)	traffic lights 2
feux d'artifice (m pl)	fireworks 17
fier (ère)	proud 17
figue (f)	fig 3
fines herbes (f pl)	sweet herbs 3
fleuve (m)	river 2
flûte (f)	flute/bread 18
foie (m)	liver 6
fonctionnaire (m or f)	civil servant 22
formation (f)	training 23
formidable	tremendous 2
fortuné	well-off 9
frais, fraîche	fresh 2; cool 15
frein (m)	brake 13
fromage de tête (m)	brawn 3
frontière (f)	frontier 3
fruits de mer (m pl)	seafood 3
fumer	to smoke 3
furieux (euse)	angry 1
fût (m)	barrel 19

G

galerie (f)	gallery 14
galette (f)	a flat cake made of puff pastry 3
galop (m)	gallop 24
garer	to park 13
gars (m)	lad, boy 17
gâté	spoiled 12
gaz d'échappement (m pl)	waste gases 15
gazeux (euse)	fizzy 18
geler	to freeze 15
Gémeaux (m pl)	Gemini 16
gêner	to trouble 8
genre (m)	type 10
gérant (m)	manager 22
gérer	to manage 9
gibier (m)	game 3
gilet (m)	vest (cardigan) 7
gîte (m)	vacation cottage 1
glace (f)	ice cream 3
glacial	icy 15
glacier (m)	ice cream manufacturer 18
glaçon (m)	ice cube 18
gorge (f)	throat 6
goûter	to taste 2
graduel (elle)	gradual 24
grande surface (f)	hypermarket 7
gras, grasse	fatty 3
gratuit	free 7
grave	serious 2
gravure (f)	engraving 14
grêler	to hail 15
grenade (f)	pomegranate 3
grillé	grilled 3
grincheux (euse)	grumpy 8
groseille (f)	red currant 3
guichet (m)	bank counter 11
guillemot (m)	guillemot (diving bird in the auk family) 16

H

habitation à loyer modéré (H.L.M.)	public housing unit (council accomodation) 9
haltérophilie (f)	weight lifting 4
hameau (m)	hamlet 1
herbage (m)	pasture 12
hibou (m)	owl 24
hier	yesterday 1
hippodrome (m)	racecourse 13
homard (m)	lobster 3
honte (f)	shame 1
hôpital (m)	hospital 10
hors	outside 24
hôtel de ville (m)	town hall 13
huer	to boo 12
huître (f)	oyster 3
humain	human 8
humeur (f)	mood 8
humide	damp 15

I

illégal	illegal 13
îlot (m)	small island 16
image (f)	picture 10
imaginer	to imagine 2
immense	huge 2
immobilier (m)	property 16
imparfait	imperfect 24
impoli	discourteous 11
imposant	imposing 2
impôt (m)	tax 10
inconnu	unknown 20
indigestion (f)	indigestion 6
indispensable	essential 22
indisponible	unavailable 2
infirmier (ère)	nurse 8
inquiet (ète)	worried 8
interdit	forbidden 13
intéresser	to interest 8
inuit	Inuit 24
investi	invested 22
irriter	to annoy 12
issu	descended from 8
itinéraire (m)	route 2

J

jardin public (m)	park 14
jardin zoologique (m)	zoo 14
je vous en prie	please do! 1
Jeanne d'Arc	Joan of Arc 14
jeter par les fenêtres	throw away 8
jeu (m)	game 16
jeunesse (f)	youth 11
jouet (m)	toy 7
jour de l'an (m)	New Year's Day 17
jusqu'à ce que + subj	until 21

K

kiwi (m)	kiwi fruit 18

L

là-bas	there 2
lampe (f)	lamp 9
langue (f)	language 10
laque en aérosol (f)	hair spray 15
lave-linge (m)	washing machine 21
lave-vaisselle (m)	dishwasher 21
laverie (f)	laundromat 7
lecteur, lectrice	reader 4
lendemain (m)	next day 4
libre-service	self-service 18
licence (f)	degree 23
lié	linked 24
ligne (f)	line 5
limitation de vitesse (f)	speed limit 13
Lion (m)	Leo 16
liste rouge (f)	unlisted (ex directory) 4
lits superposés (m pl)	bunk beds 21

livre sterling *(f)*	pound sterling 11	**montgolfière** *(f)*	hot air balloon 21
livrer	to deliver 6	**mort**	dead 14
local	local 9	**morue** *(f)*	cod 3
locataire *(m, f)*	tenant 9	**moteur** *(m)*	engine 13
location *(f)*	renting 1	**motif** *(m)*	motif 16
logiciel *(m)*	software 23	**mots croisés** *(m pl)*	crossword 16
loisir *(m)*	leisure 10	**mou**	soft 15
Loto *(m)*	National Lottery 10	**mouchoir** *(m)*	handkerchief 6
louer	to rent 4	**moule** *(f)*	mussel 3
loyal	loyal 9	**mourir**	to die 3
loyer *(m)*	rent 9	**mousseux (euse)**	bubbly 2
lumière *(f)*	light 1	**muet (te)**	dumb 2
		multicolore	multi-coloured 17
		mûre *(f)*	blackberry 3
		musculation *(f)*	weight training 4
		myrtille *(f)*	blueberry 3

M

machine à ramer *(f)*	rowing machine 4
maigre	thin 2
maïs *(m)*	sweet corn 3
maison	homemade 18
maison d'édition *(f)*	publishing house 22
maison indépendante *(f)*	detached house 21
maison jumelée *(f)*	semi detached house 21
majestueux (euse)	majestic 2
mal de mer *(m)*	sea sickness 20
malheureux (euse)	unhappy, unfortunate 8
manche *(f)*	sleeve 7
Manche *(f)*	Channel 20
manquer	to lack 8
maximal	highest 15
marchandise *(f)*	goods 7
marche arrière *(f)*	reverse gear 13
marche avant *(f)*	forward gear 13
mariage *(m)*	marriage 9
marguerite *(f)*	daisy wheel 23
mark *(m)*	German Mark 11
marron *(m)*	chestnut 3
matière *(f)*	matter 10
médecine *(f)*	medicine 6
mélange *(m)*	mixture 19
ménager (ère)	domestic 15
menuisier *(m)*	carpenter 22
messe *(f)*	mass 13
météo *(f)*	weather forecast 12
métrage *(m)*	film footage 10
metteur en scène *(m)*	film director 22
mettre de côté	to put to one side 11
meublé	furnished 1
meuble *(m)*	piece of furniture 1
(four à) micro-ondes *(m)*	microwave (cooker) 1
migraine *(f)*	migraine 6
militaire *(m)*	military soldier 14
minuscule	minute 9
mode *(f)*	fashion 16
modération *(f)*	moderation 19
moine *(m)*	monk 24
moisi	musty 2
mollasson (ne)	lazybones 4
monastère *(m)*	monastery 14
monter à cheval	to go horseback riding 1

N

naissance *(f)*	birth 23
navet *(m)*	turnip 3
ne…guère	hardly 5
ne quittez pas	hold the line 5
ne t'en fais pas	don't worry 11
négligent	careless 13
ni…ni	neither…nor 5
niçois	from Nice 24
nièce *(f)*	niece 12
Noël *(m)*	Christmas 6
nombre *(m)*	number 9
non alcoolisé	nonalcoholic 3
notaire *(m)*	lawyer 18
note de service *(f)*	memorandum 23
nouveauté *(f)*	novelty 10
notre, nos	our 1
nuage *(m)*	cloud 15
nuageux (euse)	cloudy 15
nulle part	nowhere 5

O

obéir	to obey 16
obliger	to oblige to do 8
obstacle *(m)*	obstruction 11
obtenir	to obtain 11
odorat *(m)*	sense of smell 24
offre spéciale *(f)*	special offer 7
oiseau *(m)*	bird 24
olivier *(m)*	olive tree 3
omelette norvégienne *(f)*	baked Alaska 3
on	one 1
onde *(f)*	wave 24
opération *(f)*	operation 6
orage *(m)*	storm 15
ordonnance *(f)*	prescription 6
ordure *(f)*	filth 6
ordures *(f pl)*	household garbage 15
organigramme *(m)*	flow chart 23
orgue *(m)*	organ 24
originaire	a native of 3
oser	to dare 11

oubliette (f)	secret dungeon	planétarium (m)	planetarium 14
ours en peluche (m)	teddy bear 7	plante (f)	plant 14
ouvreuse (f)	usherette 10	plat (m)	dish 2

P

		plomb (m)	lead 13
page des lectrices (f)	women's page 16	plongée sous-marine (f)	deep sea diving 4
pair	even 9	pneu (m)	tire 13
pamplemousse (m)	grapefruit 3	plupart (f)	majority 1
panais (m)	parsnip 3	pluvieux (euse)	rainy 15
pansement (m)	bandage 6	poing (m)	fist 12
papeterie (f)	stationery, stationer's 7	poire Belle Hélène (f)	pear with ice cream and chocolate sauce 3
paquet cadeau (m)	gift wrapped 18		
par conséquent	consequently 21	poissonnerie (f)	fish store 7
par terre	on the ground 3	Poissons (m pl)	Pisces 16
parapente (m)	paragliding 21	poivron (m)	pepper 3
pareil (le)	same 2	politique	political 16
paresseux (euse)	lazy 8	pollution (f)	pollution 15
parfum (m)	perfume 7	Pologne (f)	Poland 14
parking (m)	car park 13	pompiste (m or f)	gas station attendant 22
parmi	among 2	pont (m)	deck 20
parole (f)	word 10	porte (f)	door 11
partie (f)	part 19	portefeuille (m)	wallet 4
partout	everywhere 5	porte-monnaie (m)	purse 8
pas de quoi	don't mention it 1	porter un toast	to raise a toast 1
passage pour piétons (m)	crosswalk (pedestrian crossing) 13	posséder	to possess, to own 2
		possible	possible 3
passager (m)	passenger 20	poste (m)	telephone extension 5
passe-temps (m)	hobby 4	pot au feu (m)	beef stew 3
passer une commande	place an order 3	pot catalytique (m)	catalytic converter 15
passionné	passionate 1	pouah!	ugh! 1
pastille (f)	lozenge 6	poudre à laver (f)	laundry detergent (soap powder) 7
patienter	to hold the line 5		
patin (m)	skate 17	pour cent	percent 21
patinoire (f)	ice rink 21	poussière (f)	dust 2
pâtisserie (f)	cake shop 18	pratique	practical 7
pays du Soleil Levant (m)	land of the Rising Sun 19	pré (m)	meadow 2
paysage (m)	countryside 2	préservation (f)	preservation 15
paysan (anne)	farmer 14	presse (f)	press 16
péage (m)	toll 13	pression (f)	pressure 19
pêche (f)	fishing 1	prêtre (m)	priest 22
pellicules (f pl)	dandruff 6	prévu	expected 20
pension complète (f)	full board 21	principal	main 3
permis de conduire (m)	driver's license 23	prisonnier (ère)	prisoner 14
persil (m)	parsley 3	produire	to produce 15
peseta (f)	peseta 11	projecteur (m)	projector 10
pharmacie (f)	drugstore, pharmacy 6	promenade en voiture (f)	a drive in the car 1
piano (m)	piano 9	proposer	to suggest 14
pièce (f)	room 9	propriétaire (m or f)	owner 1
pierre (f)	stone 2	provençal	from Provence 12
pinailleur (euse)	fussy 8	pruneau (m)	prune 3
pince (f)	pliers 9	Prussien (ienne)	Prussian 14
piperade (f)	dish of eggs and peppers 3	publicité (f)	advertising 22
pique niquer	to picnic 2	puce (f)	chip 23
piqûre (f)	injection 6		
pistache (f)	pistachio 3		

Q

pittoresque	picturesque 2	quai (m)	dock, platform 20
plaire	to please 1	qualité (f)	quality 15
plan d'eau (m)	lake 21	quand même	even so 4
planche à voile (f)	windsurfing 4	quartier (m)	district 14
		quenelle (f)	quenelle 24

quincaillerie *(f)*	hardware store 7
quoique	although 21

R

radium *(m)*	radium 14
raie *(f)*	skate 3
rails *(m pl)*	track 20
raisin *(m)*	grape 19
randonnée équestre *(f)*	pony trekking 4
randonnée pédestre *(f)*	walking 21
randonneur *(m)*	hiker 2
rang *(m)*	row 24
rappeler	to call back 5
rapproché	close together 24
raquette de tennis *(f)*	tennis racket 7
rattraper	to catch 4
ravi	delighted 2
rayé	striped 7
rayon *(m)*	department 7
réalisateur *(trice)*	director 10
réceptionniste *(f)*	receptionist 6
réclame *(f)*	advertisement 11
recherche *(f)*	research 10
recommander	to recommend 3
récolte *(f)*	harvest 19
reconnaissant	grateful 8
recrutement *(m)*	recruitment 22
reçu *(m)*	receipt 21
recycler	to recycle 15
rédacteur *(m)*	editor 12
réduction *(f)*	reduction 7
réel	real 9
référence *(f)*	reference 11
région *(f)*	region 1
religieux *(euse)*	religious 14
religieuse *(f)*	nun, cream cake 18
remparts *(m pl)*	ramparts 14
renversé	overturn 14
réponse *(f)*	reply 22
reporter *(m)*	reporter 4
réserve naturelle *(f)*	nature reserve 15
résoudre	to solve 16
responsable	responsible 16
ressources humaines *(f pl)*	human resources 23
résultat *(m)*	result 3
rez-de-chaussée *(m)*	first floor (ground floor) 7
rillettes *(f pl)*	potted pork 3
robot ménager *(m)*	food mixer 9
roi *(m)*	king 12
rompre	to break off 12
rond-point *(m)*	traffic circle 2
rôti *(m)*	roast 3
rouble *(m)*	ruble 11
rouler	to drive 13
route *(f)*	road 2
routièr(e)	road 13
ruine *(f)*	ruin 13
ruisseau *(m)*	stream 2

S

s'acquitter	to pay off 10
s'écraser	to crash 13
s'évanouir	to faint 6
s'excuser	to apologise 6
s'il vous plaît	please 1
sacré	sacred 6
sage-femme *(f)*	midwife 22
Sagittaire *(m)*	Sagittarius 16
sain et sauf	safe and sound 1
Saint-Sylvestre *(f)*	New Year's Eve 17
Sainte-Hélène *(f)*	St Helena 14
saisir	to seize 12
saison *(f)*	season 7
salaire *(m)*	salary 23
salle à manger *(f)*	dining room 9
salle d'eau *(f)*	shower room 21
salle de gym *(f)*	gym 4
salle de séjour *(f)*	living room 9
sandale *(f)*	sandal 7
sang *(m)*	blood 6
sans doute	no doubt 8
sans plomb	lead-free 15
santé!	good health! 1
satisfait	satisfied 8
saucisson *(m)*	slicing sausage 3
sautes d'humeur *(f pl)*	mood swings 8
Sauvignon *(m)*	grape variety 12
scie *(f)*	saw 12
science-fiction *(f)*	science fiction 10
Scorpion *(m)*	Scorpio 16
se dépêcher	to hurry 11
se passer	to happen 10
se plaindre	to complain 9
se rappeler	to remember 14
se situer	to be situated 1
se terminer	to finish 9
se tromper	to make a mistake 5
se trouver	to be found 1
secrétaire particulière *(f)*	private secretary (personal assistant) 22
sélectionner	to choose 18
selon	according to 15
sens de l'humour *(m)*	sense of humour 8
sensé	sensible 2
sentir	to feel 6
serré	close together 24
serveur *(euse)*	waiter 3
shampooing médical *(m)*	medicated shampoo 6
si	yes (to contradict) 1
si	so 2
si	if 3
siècle *(m)*	century 2
siège *(m)*	seat 14
sieste *(f)*	afternoon nap 12
signaler	to indicate 13
silence *(m)*	silence 1
sinueux *(euse)*	winding 2

sirop (m)	syrup 6
situation (f)	situation 8
slip (m)	briefs 8
sociable	sociable 8
solitaire	solitary 24
somme (f)	sum 10
sommet (m)	summit 2
sonner	to ring 5
sorbet (m)	sherbet (sorbet) 3
sortie (f)	exit 11
souci (m)	worry 8
soucieux (euse)	worried 8
souffrir	to suffer 6
souhaitable	desirable 22
souhaiter	to wish 19
sous-sol (m)	basement 7
sparadrap (m)	band-aid 6
speaker (m)	announcer 22
spécialité (f)	specialty 2
spectacle (m)	performance 10
spiritueux (m)	spirit 19
sports nautiques (m pl)	water sports 4
standardiste (f)	switchboard operator 5
station-service (f)	gas station 22
stationnement (m)	parking 13
steak frites (m)	steak and fries 11
stop (m)	hitchhiking 2
studio (m)	studio appartment 1
stupéfait	stunned 8
suisse	Swiss 11
superbe	marvelous 10
supérieur	upper 20
supplément (m)	supplement 16
supporter	to tolerate 6
surtout	especially 14
svelte	slender 12
sympathique	nice 9
syndicat d'initiative (m)	tourist information office 17

T

table (f)	table 9
tableur (m)	spreadsheet 23
tapisserie (f)	tapestry 14
tarif (m)	price list 13
Taureau (m)	Taurus 16
température (f)	temperature 3
tempéré	temperate 3
tempête (f)	storm 15
terrasse (f)	terrace 1
thon (m)	tuna 3
ticket (m)	ticket 20
tiers (m)	third 24
tondeuse (f)	lawnmower 7
tôt	early 6
toucher un chèque	to cash a check (cheque) 11
Touraine (f)	Tours region 1
Toussaint (f)	All Saints 17
toux (f)	cough 6
train à grande vitesse	high speed train 20

(T.G.V.) (m)	
train de banlieue (m)	local train 20
tranche (f)	slice 18
travailleur (euse)	hard working 8
trésorier-payeur général (T.P.G.) (m)	paymaster 22
tricot (m)	sweater 7
trimestre (m)	term 12
tripes (f pl)	tripe 3
troglodyte	cave dweller's 14
trou (m)	hole 15

U

uni	plain 7
uniforme (m)	uniform 19
usinage (m)	machinery 22

V

vache (f)	cow 3
vaisselier (m)	dresser 9
vallée (f)	valley 2
vanille (f)	vanilla 3
variété (f)	variety 2
vase (m)	vase 9
veille (f)	eve 17
vélo d'intérieur (m)	exercise bike 4
velouté (m)	creamy soup 3
vendeur (euse)	salesperson 7
vente aux enchères (f)	auction 14
véritable	real 2
vertige (m)	dizzy spell 6
Verseau (m)	Aquarius 16
veste imperméable (f)	waterproof jacket 4
vexé	upset 8
Vierge (f)	Virgo 16
vigne (f)	vine 3
vignoble (m)	vineyard 2
village (m)	village 6
viennois	Viennese 19
vin de Xérès (m)	sherry 19
vin du patron (m)	house wine 3
viticulteur (m)	vine grower 19
voiture-buffet (f)	snack car, buffet car 20
volaille (f)	poultry 19
volontiers	willingly 21
voleur (m)	thief 4

W

wagon-lit (m)	sleeping car 11
western (m)	western film 10

Y

y compris	including 11
yen (m)	yen 11

Z

zinc (m)	zinc 11
zone industrielle (f)	industrial park 22

Notes: _____

Notes: _____

Notes: _____

Notes: _____

Notes: _____